COMMENTAIRE

DE LA LOI DU 4 AVRIL 1882

SUR

LA RESTAURATION ET LA CONSERVATION

DES

TERRAINS EN MONTAGNE

Paris. — Soc. d'imp. PAUL DUPONT, 41, rue Jean-Jacques-Rousseau.

COMMENTAIRE

DE LA LOI DU 4 AVRIL 1882

SUR

LA RESTAURATION ET LA CONSERVATION

DES

TERRAINS EN MONTAGNE

PAR

A. TÉTREAU
Conseiller d'État.

PARIS
SOCIÉTÉ D'IMPRIMERIE ET LIBRAIRIE ADMINISTRATIVES ET CLASSIQUES
PAUL DUPONT
41, RUE JEAN-JACQUES-ROUSSEAU, 41

1883

INTRODUCTION

La loi du 4 avril 1882, relative à la restauration et à la conservation des terrains en montagne, vient d'établir, en cette matière, des règles toutes nouvelles dont l'application présentera sans doute de sérieuses difficultés. Le décret du 11 juillet 1882 portant règlement d'administration publique pour l'exécution de la loi, préviendra peut-être quelques-unes de ces difficultés : mais, soit à raison des conditions dans lesquelles elle a été préparée, discutée et votée, soit à raison des principes nouveaux qu'elle a édictés, cette loi soulève, dès à présent, des questions délicates dont l'administration et les intéressés, qui vont bientôt se trouver en présence, rechercheront vainement la solution dans son texte ou dans ses travaux préparatoires.

L'étude que nous avons été appelé à faire, dans des circonstances récentes, de la loi du 4 avril 1882, nous a conduit à penser qu'il y aurait peut-être quelque utilité à chercher à dissiper les obscurités que la discussion n'a pas fait disparaître, et à expliquer le plus clairement possible le sens et la portée de la nouvelle législation.

Les conditions dans lesquelles devront être appliquées, en vue de la restauration et de la conservation des terrains en montagne, les lois sur l'expropriation pour cause d'utilité publique et sur les associations syndicales, nous ont semblé nécessiter également quelques explications particulières, justifiées d'ailleurs par l'extrême concision des textes sur ces différents points.

Le règlement d'administration publique comporte, lui aussi, certaines observations qu'il n'est pas sans intérêt de placer sous les yeux de ceux qui vont avoir à en interpréter ou en appliquer les dispositions.

Notre travail comprend d'abord une revue rapide de la législation antérieure; nous avons ensuite résumé les travaux préparatoires et indiqué à grands traits l'économie générale de la loi et du décret.

Nous avons examiné les articles dans l'ordre adopté par le législateur, et complété leur examen par l'analyse ou le commentaire des dispositions du règlement d'administration publique. Enfin, pour faciliter les recherches, nous avons réuni à la suite de cette étude les différents textes qui, avec le Code forestier, formeront désormais l'ensemble de la législation sur la restauration et la conservation des terrains en montagne.

En offrant au public un commentaire impartial

des dispositions de la loi du 4 avril 1882, en indiquant aux agents de l'administration leurs droits et leurs devoirs, en réunissant en un petit volume tous les documents et tous les renseignements propres à faciliter l'intelligence de cette législation spéciale, en mettant bien en lumière la sollicitude avec laquelle les auteurs de la loi se sont préoccupés des intérêts des populations de nos montagnes, en insistant sur les garanties qu'ils ont données à la propriété privée, nous avons eu surtout pour but de concourir, dans la mesure de nos forces, au succès de l'entreprise toute nationale que l'État va tenter.

Puisse la loi de 1882, à l'encontre des lois de 1860 et de 1864, devenir une œuvre stable et définitive! Malgré les imperfections qu'elle contient, en dépit des critiques que nous avons pu faire de certaines de ses dispositions, cette loi peut produire des résultats considérables; son esprit véritablement libéral permet désormais à l'administration de combattre utilement le fléau des inondations et de prévenir les désastres qui ont tant de fois désolé notre pays; les mesures prises par le législateur peuvent être, pour des contrées importantes, une cause de salut et de richesse.

Si tel qu'il est, et dans ses proportions modestes, notre travail a quelque utilité, notre but sera atteint.

COMMENTAIRE DE LA LOI

DU 4 AVRIL 1882

PREMIÈRE PARTIE

LÉGISLATION ANTÉRIEURE A LA LOI DU 4 AVRIL 1882.

Avant d'aborder l'étude de la loi du 4 avril 1882, il est nécessaire de jeter un coup d'œil rapide sur la législation qui vient de disparaître.

Et, tout d'abord, quelques mots sur l'état de choses qui avait provoqué l'intervention du gouvernement dans l'intérêt public menacé et amené cette législation malheureusement insuffisante dès le début.

Nous empruntons aux différents exposés des motifs et rapports rédigés à l'occasion de la loi actuelle, principalement aux rapports de MM. Alicot et Maigne, les renseignements qui vont suivre en les résumant le plus fidèlement possible.

Depuis le commencement du siècle, l'attention publique était sollicitée par la dégradation progressive de nos montagnes ; des désastres périodiques, se chiffrant par des centaines de millions, étaient venus affirmer cruellement la solidarité de la plaine avec la montagne.

Après des études approfondies, de rigoureuses observations, la science reconnaissait et l'expérience constatait que le reboisement et le gazonnement étaient le moyen le plus efficace de ralentir les cours d'eau en montagne, d'y consolider le sol et, par conséquent, de restreindre à leur source, les effets désastreux des inondations.

La loi du 28 juillet 1860 édicta les premières dispositions destinées à combattre le mal et à en arrêter les progrès toujours croissants : elle ne s'occupait toutefois que du reboisement.

Aux termes de cette loi, quand la solidité de la montagne se trouvait compromise, l'État pouvait prendre d'office les mesures nécessaires à la restauration des terrains.

Si les communes, les établissements publics ou les particuliers refusaient d'exécuter les travaux, avec ou sans le concours du Gouvernement, ces travaux pouvaient être déclarés obligatoires par l'État qui avait alors le droit de les effectuer.

Les moyens de coercition différaient suivant qu'il s'agissait de propriétés communales ou particulières.

Les propriétés particulières étaient soumises à l'expropriation pour cause d'utilité publique, conformément à la loi du 3 mai 1841 : l'État en devenait propriétaire et exécutait ensuite les travaux.

Au contraire, les propriétés communales ne pouvaient pas être expropriées.

Toutefois, l'État avait le droit de les occuper, d'en interdire la jouissance, d'y effectuer des travaux, en vertu d'un décret rendu en Conseil d'État et fixant le périmètre nécessaire. Puis, les travaux terminés, si la commune voulait reprendre ses terrains, elle devait rembourser à l'État le montant de ses avances ou lui abandonner la moitié de sa propriété.

L'application de la loi du 28 juillet 1860 souleva parmi les populations pastorales de très vives résistances, justifiées d'ailleurs par les dispositions malheureuses de cette loi.

La prise de possession par l'État des propriétés communales, l'obligation pour les communes de payer les travaux ou d'abandonner la moitié de leurs propriétés, d'autres dispositions enfin également fâcheuses ou vexatoires, le mode de liquidation des dettes incombant aux communes, la répartition de la dépense, le partage des terrains restaurés, toutes ces mesures soulevaient des objections violentes et créaient aux agents de l'administration des forêts chargés de l'application de la loi, d'insurmontables difficultés.

Ce résultat était cependant facile à prévoir. Les auteurs de la loi du 28 juillet 1860 avaient méconnu la large place que l'utilité publique devait tenir dans le nouveau système : le reboisement décidé, on mettait pour condition que l'État se bornerait à faire une avance de fonds, un placement à intérêts, avec cette clause que celui qu'on priverait de sa propriété pendant un temps plus ou moins long, en perdrait definitivement la moitié, s'il ne soldait toutes les dépenses faites dans l'intérêt général.

La loi du 8 juin 1864 fut alors présentée comme une satisfaction donnée aux populations pastorales. La modification principale qu'elle apportait à la loi du 28 juillet 1860, consistait dans la faculté accordée aux communes de demander la substitution du gazonnement au reboisement.

Les espérances fondées sur cette innovation ne se réalisèrent pas et les difficultés devant lesquelles l'administration vint se heurter rendirent inefficaces toutes les dispositions édictées.

Dans son très intéressant rapport, l'honorable M. Maigne établit, par des documents et des chiffres précis, la stérilité des résultats obtenus.

En 1860, dit-il, on se trouvait en présence de 1,133,000 hectares, suivant les uns, de 1,248,000, suivant les autres, à reboiser ou gazonner. Or, si l'on recherche dans les comptes rendus de l'administration des forêts, ce qu'il y a eu de terrains reboisés ou gazonnés depuis 1860 jusqu'en 1870, on trouve un total de 37,609 hectares : c'est donc une moyenne de 4,179 hectares par an, ce qui, au train suivi, aurait nécessité pour le chiffre le plus favorable, celui de 1,133,000 hectares, une période de 271 ans !

Ainsi éclate l'impuissance absolue des lois de 1860 et de 1864. Personne, d'ailleurs, ne s'était mépris sur leur efficacité : dès l'origine, elles avaient été jugées de la même façon par l'opinion publique, par les populations intéressées, par l'administration elle-même : la révision d'une telle législation s'imposait donc à bref délai.

DEUXIÈME PARTIE

TRAVAUX PRÉPARATOIRES ET ÉCONOMIE GÉNÉRALE DE LA LOI DU 4 AVRIL ET DU RÈGLEMENT D'ADMINISTRATION PUBLIQUE DU 11 JUILLET 1882.

1° *Travaux préparatoires.*

Le 21 décembre 1874, l'Assemblée nationale fut saisie par l'honorable M. Chevandier, d'une proposition de loi tendant à la révision de l'ensemble des dispositions qui régissaient alors le reboisement et le gazonnement des terrains en montagne ; l'Assemblée se sépara sans avoir pu discuter ce projet.

Le Gouvernement, justement ému des plaintes nombreuses et des réclamations incessantes dont la législation sur la matière était l'objet de la part de toutes les populations intéressées, saisit à son tour la Chambre des députés, à la date du 11 avril 1876, d'un projet de loi dont il recommandait vivement la prompte adoption, en invitant le Parlement à proportionner à l'étendue du mal l'énergie du remède.

De son côté, M. Chevandier avait repris son projet primitif.

C'est dans ces circonstances que l'honorable M. Alicot, nommé rapporteur, déposait sur le bureau de la Chambre, le 22 décembre 1876, un remarquable travail qui constitue un véritable traité de la matière et dans lequel nous avons souvent puisé, pour cette étude, les plus utiles renseignements.

Il n'est pas nécessaire, pour l'accomplissement de la tâche que nous nous sommes imposée, d'étudier en détail le côté pratique des mesures recommandées aujourd'hui par les hommes de l'art, après les études approfondies et les travaux si concluants du corps forestier. Nous laisserons également de côté les indications reproduites dans les différents documents parlementaires, sur les procédés employés pour arriver à la fixation du sol, afin de rendre possible la végétation ligneuse ou herbacée.

Mais il n'est pas inutile, au moment d'aborder l'examen de notre loi, d'indiquer brièvement les phases diverses par lesquelles elle a passé avant d'aboutir au vote final et les difficultés qu'a rencontrées son adoption définitive: ainsi s'expliqueront, en partie du moins, les imperfections et les lacunes que nous aurons le regret de constater dans le cours de notre examen.

La première discussion eut lieu devant la Chambre des députés, dans les séances des 15 et 22 février 1877.

Déposée au Sénat le 1er mars suivant, la loi était retirée par le Gouvernement dans la séance du 26 mai 1879; toutefois, le Gouvernement présentait en même temps au Sénat un nouveau projet de loi s'écartant sensiblement de celui qui avait été adopté par la Chambre et dont il importe d'expliquer l'origine en quelques mots.

Dans l'intervalle de temps qui s'était écoulé entre le vote de la Chambre et le dépôt de ce nouveau projet, la grande Commission relative à l'utilisation et à l'aménagement des eaux, avait dû tout naturellement s'occuper, comme une conséquence de sa mission, de l'aménagement de nos montagnes. A la suite d'un examen approfondi et d'une discussion à laquelle avaient pris part les hommes les plus autorisés et les plus compétents, cette Commission avait adopté un projet différant, sur un grand nombre de points, de celui qui, voté par la Chambre des députés, avait été communiqué au Sénat le le 1er mars 1877.

C'est ce nouveau projet, émané de la Commission dont nous venons de parler, que le Gouvernement s'appropriait, en le déposant devant le Sénat, à la date du 25 mai 1879, et c'est sur ce projet que la discussion allait s'ouvrir.

Le Sénat consacra à son examen cinq séances en première délibération ; deux autres séances furent occupées par la deuxième délibération qui se termina, le 16 décembre 1880, par l'adoption d'une rédaction s'écartant assez sensiblement de celle que le Gouvernement avait proposée. Une des principales divergences était relative à la procédure à suivre pour arriver à la déclaration d'utilité publique des travaux de consolidation et de gazonnement.

Le projet adopté par le Sénat portait, en effet, que cette déclaration ne pouvait être faite que par une loi, tandis que le projet du Gouvernement attribuait ce droit à un décret rendu en Conseil d'État.

Aussi, tout en présentant à la Chambre, le 22 janvier 1881, le projet de loi adopté par le Sénat, le Gouverment la saisit en même temps de son projet personnel déposé par lui, comme on le sait déjà, sur le bureau du Sénat, le 25 mai 1879 : il précisait ainsi les différences qui existaient entre le texte qu'il avait proposé et les dispositions votées par le Sénat.

Un nouveau rapport, très étudié, très complet, auquel nous avons déjà fait quelques emprunts, et qui nous sera, dans la suite, d'une grande utilité, fut alors rédigé par l'honorable M. Maigne.

La Commission nommée par la Chambre avait reconnu bien vite que si le projet du Gouvernement et celui du Sénat différaient d'une manière assez marquée dans quelques-unes de leurs dispositions principales, du moins ces divergences n'excluaient pas la possibilité d'une conciliation ; elle s'était attachée à provoquer cette entente qu'elle fut assez heureuse pour amener.

En ce qui touche notamment la forme de la déclaration de l'utilité publique, le Gouvernement renonça, non sans avoir lutté beaucoup, au système qu'il avait d'abord soutenu ; il réussit du moins à maintenir dans le régime des décrets, la déclaration de mise en défens, que le Sénat avait cru pouvoir attribuer aux préfets.

Malheureusement, la rédaction définitive, adoptée à la suite de conférences nombreuses, entre la Commission et le Gouvernement, se ressent un peu des conditions de cette discussion dont on ne trouve la trace nulle part.

Votée sans débat par les Députés, dans la séance du 29 juillet 1881, adoptée dans les mêmes conditions par les Sénateurs, le 23 mars 1882, la loi revint une dernière fois devant la Chambre parce que quelques modifications sans importance avaient été introduites par le Sénat.

Présentée alors comme le résultat d'un accord complet avec le Gouvernement, elle ne donna lieu cette fois encore à aucune discussion, fut enfin définitivement votée dans la séance du 31 mars 1882 et promulguée le 4 avril suivant.

2° *Économie générale de la loi du 4 avril* 1882.

Avant de passer à l'examen détaillé des articles, résumons à grands traits l'esprit général de la loi et ses principales innovations.

Le but que le Gouvernement veut atteindre dans un intérêt public, le résultat qu'il poursuit et vers lequel il peut désormais marcher avec une certitude complète, grâce aux moyens dont la science dispose, c'est l'extinction des torrents, la régularisation du régime des cours d'eau, la mise en valeur des terrains instables et improductifs.

Pour arriver à ce but, la loi prévoit l'emploi de deux moyens principaux, la restauration et la conservation des terrains en montagne : il y a donc deux catégories de mesures bien distinctes qui font chacune l'objet de deux titres correspondants, le premier traitant de l'exécution des travaux, le second relatif aux moyens à employer pour assurer la conservation des terrains.

D'autre part, des dispositions anciennes réglaient la matière : pour passer au nouvel état de choses, la loi édicte des dispositions transitoires qui sont contenues dans son troisième titre.

Enfin, dans son article 23, la loi porte qu'un règlement d'administration publique déterminera les dispositions à prendre en vue de son application : de là le décret du 11 juillet 1882, complètement inséparable de notre loi.

Le titre premier établit d'abord les conditions sans lesquelles l'utilité publique ne pourra être déclarée : les travaux de restauration ne peuvent être effectués que s'ils sont rendus nécessaires par la dégradation du sol et par des dangers nés et actuels.

Nous reviendrons plus tard sur les conséquences de ce principe qui limite le droit d'initiative réservé à l'administration des forêts.

Nous savons déjà que l'utilité publique ne peut être déclarée que par une loi.

Les auteurs de la loi du 4 avril 1882 s'attachent ensuite à faire reconnaître nettement le caractère de travaux publics aux travaux obligatoires de reboisement et, par voie de conséquence, ils investissent l'administration, pour l'exécution de ces travaux, des pouvoirs établis par la législation générale sur la matière.

La loi du 3 mai 1841 sur l'expropriation pour cause d'utilité publique, c'est-à-dire le droit commun, sera désormais applicable à toute cette catégorie de travaux, quelle que soit la qualité des propriétaires ; toutefois, si ces propriétaires veulent user de la faculté qui leur est accordée d'exécuter eux-mêmes les travaux de restauration qui leur seront indiqués, ils pourront, à cet effet, constituer des associations syndicales, conformément aux dispositions de loi du 21 juin 1865.

Le titre 2, relatif à la conservation des terrains, comprend deux chapitres : le premier est relatif à la mise en défens, le second traite de la réglementation des pâturages communaux.

C'est dans le rapport présenté au Sénat par l'honorable M. Michel qu'apparaissent le plus nettement les intentions du législateur.

La rédaction du chapitre Ier a pour but d'éviter toute équivoque entre les grands travaux et ceux de moindre importance : pour ce dernier cas, la loi précise les conditions dans lesquelles les mesures de conservation pourront être ordonnées et attribue à l'administration forestière le droit de les requérir.

La mise en défens sera prononcée par décret rendu en Conseil d'État.

Toutes les mesures de détail qui seront nécessaires pour prononcer la mise en défens sont indiquées dans ce titre ou dans les dispositions du règlement d'administration publique : elles feront l'objet d'un examen particulier.

Quant au chapitre II, il a surtout pour objet de réglementer les pâturages et d'empêcher les abus de la dépaissance.

Ce n'est pas sans hésitation que le législateur a adopté le système qui donne au conseil municipal le droit de présenter un règlement fixant les conditions du pâturage dans la commune.

Il a pensé que, par ce moyen, on ferait tomber

la résistance des populations pastorales qui avait jusqu'ici paralysé tous les efforts de l'administration.

Malheureusement, la rédaction de cette partie de la loi n'est pas suffisamment claire et nous aurons à signaler les difficultés que présente le texte adopté.

Le titre III contient les dispositions transitoires.

Les périmètres décrétés jusqu'au 4 avril 1882 sont maintenus pendant un délai de trois ans.

Quel sera le régime auquel ces périmètres seront soumis durant cette période? La loi ne le dit pas, de là certaines difficultés que nous retrouverons également quand nous aurons à nous occuper des sanctions pénales.

Les autres dispositions du titre III assurent aux propriétaires intéressés une protection efficace contre les mesures administratives qui pourront être prises pour l'application de la loi.

L'État abandonne les créances qu'il aurait à faire valoir contre les communes et les établissements publics en vertu des lois de 1860 et de 1864: une formule empruntée à l'article 51 de la loi du 3 mai 1841 dit toutefois que la plus-value résultant des travaux effectués en vertu de ces lois, sera prise en considération par le jury, dans l'évaluation du montant du prix des terrains à exproprier.

Enfin, les communes assujetties à l'application de la loi sont exemptées des frais de garde, qui étaient une lourde charge pour elles et qui les blessaient profondément, en leur imposant une contribution forcée pour le succès de mesures qu'elles étaient loin d'avoir sollicitées.

3° *Économie générale du règlement d'administration publique du* 11 *juillet* 1882.

Le règlement d'administration publique s'est attaché à suivre l'ordre adopté par les auteurs de la loi.

Le titre 1er du décret du 11 juillet 1882 traite de la restauration des terrains en montagne; le second, de la conservation des mêmes terrains; le troisième est relatif aux dispositions transitoires que nous avons déjà trouvées dans la loi.

On a dû insérer dans un quatrième titre les dispositions générales d'usage qui ne pouvaient figurer parmi les dispositions transitoires, notamment celles qui concernent l'abrogation du décret du 10 novembre 1864 portant règlement d'administration publique pour l'exécution des lois des 28 juillet 1860 et 8 juin 1864.

On sait déjà qu'il est pourvu à la restauration des terrains en montagne. 1° à l'aide de travaux déclarés par une loi d'utilité publique et rendus dès lors obligatoires: 2° à l'aide de travaux non prescrits par la loi et, par suite, facultatifs.

Les deux premiers chapitres du titre premier règlent, en ce qui concerne les travaux obligatoires : 1° la procédure à suivre pour la désignation des terrains à restaurer ; 2° les conditions auxquelles les propriétaires pourront exécuter les travaux prescrits sur leurs propres terrains et le mode d'acquisition des immeubles que l'administration devra restaurer elle-meme.

Le chapitre III est relatif aux travaux facultatifs et aux subventions que l'État accorde pour les encourager.

Le titre II comprend deux chapitres : le premier traite de la fixation du périmètre des terrains à mettre en défens et des indemnités dues pour privation de jouissance.

Le deuxième chapitre contient la réglementation de l'exercice du pâturage sur les terrains communaux.

Nous avons déjà indiqué que le titre III renferme les dispositions transitoires nécessaires pour faciliter le passage de l'ancienne à la nouvelle législation, et que le titre IV ne contient que des dispositions générales ne comportant aucune explication.

TROISIÈME PARTIE

COMMENTAIRE DE LA LOI DU 4 AVRIL 1882.

Article premier.

Il est pourvu à la restauration et à la conservation des terrains en montagne, soit au moyen de travaux exécutés par l'État, ou par les propriétaires avec subvention de l'État, soit au moyen de mesures de protection, conformément aux dispositions de la présente loi.

L'article premier contient les principes généraux qui seront développés dans les articles suivants : il énonce en quelques mots le but et la portée de la loi.

Pour arriver à la restauration et à la conservation des terrains en montagne, le législateur prévoit l'emploi de deux moyens : on pourvoit à la restauration par l'exécution de travaux qui seront effectués soit par l'État, soit par les propriétaires avec subvention de l'État; on assure la consolidation par des mesures de protection dans le détail desquelles nous aurons à entrer ultérieurement.

L'article premier ne définit pas les mesures de protection et les travaux qui pourront être prescrits; il laisse ainsi à l'administration la plus grande latitude. Elle pourra donc exécuter ou faire exécuter tous les ouvrages dont l'expérience a constaté l'efficacité, à la condition toutefois que ces ouvrages aient pour but unique la restauration ou la conservation des terrains: les travaux destinés à faciliter la végétation ligneuse ou herbacée figureront naturellement en première ligne parmi ceux dont l'administration devra poursuivre l'exécution.

Ce n'est pas sans intention que le législateur a emprunté à la loi de 1864 cette expression très générale de « terrains en montagne »; elle comprend aussi bien, en effet, les terrains situés sur les sommets des montagnes que ceux qui sont sur leurs pentes et permet de leur appliquer également les mesures à prendre en vertu de la loi. Quant au sens du mot montagne, il offre toujours certaines difficultés.

Faut-il entendre ce mot dans son acception grammaticale, qui donne l'idée de grandes masses de terre fort élevées, ou bien la loi ne l'a-t-elle employé que par opposition au mot plaine et doit-il, en conséquence, être entendu dans un sens général de tous les lieux en pente, quelle que soit leur déclivité?

La loi ne s'explique pas à cet égard, mais nous admettrions volontiers avec la Cour de cassation (C. cr. rej. 19 septembre 1840) que les mots « terrains en montagne » ne peuvent désigner des coteaux dont la déclivité est peu considérable. S'il en était besoin, nous trouverions un argument en faveur de notre opinion dans le texte de l'article 220 du Code forestier: si le législateur avait voulu donner une portée aussi générale à l'expression de « terrains en montagne », il aurait reproduit la rédaction de cet article qui, à propos du droit d'opposition qui appartient à l'administration en matière de défrichement, limite notamment ce droit au maintien des terres sur les montagnes ou sur les pentes.

Lorsqu'après avoir parlé des montagnes, le législateur ajoute les pentes, malgré le sens vague de ce mot, il est évident qu'il a voulu donner à l'administration le droit de s'opposer aux défrichements des terrains boisés situés en pente, sur des collines ou des coteaux; lorsqu'au contraire, il ne s'est servi, comme il l'a fait dans toute la loi, que des expressions: « terrains en montagne » il est évident aussi qu'il n'a voulu étendre les effets de cette loi qu'aux terrains situés sur les montagnes, c'est-à-dire sur leurs pentes ou sur leurs sommets.

TITRE PREMIER.

DE LA RESTAURATION DES TERRAINS EN MONTAGNE.

ART. 2.

L'utilité publique des travaux de restauration rendus nécessaires par la dégradation du sol, et des dangers nés et actuels, ne peut être déclarée que par une loi.

La loi fixe le périmètre des terrains sur lesquels ces travaux doivent être exécutés.

Elle est précédée :

1° D'une enquête ouverte dans chacune des communes intéressées ;

2° D'une délibération des conseils municipaux de ces communes ;

3° De l'avis du conseil d'arrondissement et de celui du conseil général ;

4° De l'avis d'une commission spéciale, composée : du préfet ou de son délégué, président, avec voix prépondérante ; d'un membre du conseil général et d'un membre du conseil d'arrondissement, autres que ceux du canton où se trouve le périmètre, délégués par leurs conseils respectifs et toujours rééligibles, et dans l'intervalle des sessions par la Commission départementale ; de deux délégués de la commune intéressée, désignés dans les mêmes conditions par le conseil municipal ; d'un ingénieur des ponts et chaussées ou des mines ; d'un agent forestier, ces deux derniers membres nommés par le préfet.

Le procès-verbal de reconnaissance des terrains, le plan des lieux et l'avant-projet des travaux proposés par l'administration des forêts restent déposés à la mairie pendant l'enquête, dont la durée est fixée à trente jours.

Ce délai court du jour de la signification de l'arrêté préfectoral qui prescrit l'ouverture de l'enquête et la convocation du conseil municipal.

L'article 2 nous fait connaître les conditions nécessaires et les formalités à observer pour arriver à la déclaration de l'utilité publique des travaux de restauration.

Nous savons que cette déclaration ne peut être faite que par une loi.

Nous ne reviendrons pas sur le long débat qui s'est engagé sur cette question devant le Sénat, aucune difficulté ne pouvant s'élever désormais en présence d'un texte aussi formel.

Mais si une loi déclarant l'utilité publique est toujours nécessaire, on peut arriver à restreindre le nombre de ces lois, évalué à près de 400 dans la discussion à laquelle l'article 2 a donné lieu.

Le dernier paragraphe de l'article 7 du règlement d'administration publique dispose expressément « que le projet de loi statuant sur une déclaration d'utilité publique de travaux de restauration peut comprendre l'ensemble des terrains à restaurer dans un même bassin de rivière torrentielle. »

Voyons maintenant quelles sont les conditions exigées pour obtenir la déclaration d'utilité publique.

Et tout d'abord, cette déclaration peut-elle être appliquée à toute espèce de terrains?

Sur ce point, la loi est très précise.

L'initiative du choix des terrains appartient à l'administration des forêts, mais il faut que ces terrains soient situés en montagne et que les travaux de restauration qu'elle propose d'y exécuter soient rendus nécessaires par la dégradation du sol et des dangers nés et actuels.

C'est là, on le comprend, une restriction grave apportée au droit d'initiative de l'administration: c'est une innovation importante, une garantie considérable donnée aux intérêts privés, ce n'est donc qu'en justifiant de l'état de dégradation du sol, et pour ainsi dire du péril imminent qu'il fait courir à la sécurité publique, que l'administration peut comprendre un terrain parmi ceux sur lesquels les travaux de restauration doivent être entrepris. Si cette justification n'était pas faite, les intéressés qui auraient d'abord le droit de protester lors de l'enquête qui précédera toujours la loi déclarant l'utilité publique, pourraient encore saisir le Parlement de leurs oppositions : le législateur qui n'a pas voulu donner au Conseil d'État le pouvoir de déclarer les travaux d'utilité publique, parce qu'il a pensé que les intérêts privés seraient mieux et plus facilement défendus devant lui, ne manquera pas d'examiner avec une attention scrupuleuse et le soin qu'elles comportent et les protestations dont il sera désormais le seul et unique juge.

Si la dégradation du sol n'est pas établie et si l'état de ce sol ne révèle pas des dangers nés et actuels, la proposition de loi ne pourra être acceptée.

Si, au contraire, l'affaire est régulière au fond, si les conditions exigées par la loi du 4 avril 1882 se trouvent remplies, il pourra être donné suite au projet, en admettant que l'instruction préalable ne soit pas entachée d'un vice de forme qui ne permettrait pas de passer outre.

Étudions maintenant la procédure à suivre pour obtenir la loi : cette procédure est tracée soit dans l'article 2 de la loi du 4 avril 1882, soit dans les articles 1er et suivants du règlement d'administration publique.

Aux termes de l'article 2 de notre loi, tout projet de loi spéciale est précédé d'une étude complète dont l'administration des forêts a l'initiative et qui doit être distincte pour chaque commune intéressée.

L'administration procède, en conséquence, à la désignation des terrains dont elle estime que la restauration est d'utilité publique. A cet effet, elle dresse un procès-verbal de reconnaissance des terrains, un plan des lieux et un avant-projet des travaux dont elle propose l'exécution.

L'article 2 du règlement d'administration publique donne le programme détaillé des renseignements que doit contenir le procès-verbal de reconnaissance des terrains et indique les documents qui doivent l'accompagner.

Le procès-verbal de reconnaissance expose la configuration des lieux, leur altitude moyenne, les conditions dans lesquelles ils se trouvent au point de vue géologique et climatérique, l'état de dégradation du sol, les circonstances qui ont amené cet état, les dommages qui en son résultés et les dangers qu'il présente.

Il est accompagné d'un tableau parcellaire

donnant, pour chaque parcelle ou portion de parcelle comprise dans le périmètre, la section et le numéro de la matrice cadastrale, la contenance, le nom du propriétaire, le revenu imposable et le mode de jouissance adopté jusque là,

Le plan des lieux est dressé d'après le cadastre et porte l'indication des sections et les numéros des parcelles.

L'avant-projet fait connaître la nature et l'importance des travaux, ainsi que l'évaluation approximative de la dépense totale.

Tels sont les documents qui doivent être préparés par l'administration des forêts et dont la communication est obligatoire : il suffiront certainement, dans tous les cas, pour éclairer les intéressés.

D'ailleurs, l'administration reste toujours libre de prescrire à ses agents la rédaction des rapports spéciaux dont elle pourrait avoir besoin, mais ces rapports ne font pas partie du dossier et ne doivent pas être soumis à l'enquête.

Lorsque l'administration des forêts a désigné les terrains et réuni les documents que nous venons de mentionner, la première opération à laquelle il faut procéder consiste dans l'enquête qui, aux termes de l'article 2 de notre loi, doit être ouverte dans chacune des communes intéressées.

Une partie des formalités de cette enquête a été indiquée par la loi ; le règlement d'administration publique en a prescrit le complément : à l'aide de leurs dispositions combinées, nous allons examiner successivement les diverses phases de cette opération.

Le procès-verbal de reconnaissance des terrains, le plan des lieux et l'avant-projet des travaux, sont adressés par l'administration des forêts au préfet qui, dans le délai d'un mois au plus, prend un arrêté prescrivant l'ouverture d'une enquête dans chacune des communes intéressées.

L'enquête ne serait pas nulle si elle était ouverte plus d'un mois après la transmission des pièces au préfet, le retard apporté dans l'ouverture des opérations ne lésant aucun intérêt privé, mais comme il s'agira presque toujours de travaux urgents, l'administration supérieure devra veiller à ce que le préfet ouvre l'enquête dans le délai fixé.

L'arrêté prescrivant l'ouverture de l'enquête est signifié au maire de la commune intéressée, et en même temps porté à la connaissance des habitants par voie de publication et d'affiches :

l'accomplissement de cette formalité et de celles qui vont suivre est de rigueur; elles ont également pour but d'assurer une publicité suffisante permettant aux tiers de défendre leurs intérêts dès le début des opérations projetées.

Toutes les pièces restent déposées à la mairie pendant un délai de trente jours.

Après l'expiration de ce délai, qui court à partir de la signification de l'arrêté préfectoral prescrivant l'ouverture de l'enquête, un commissaire enquêteur, désigné par le préfet, reçoit au même lieu, pendant trois jours consécutifs, les déclarations des habitants sur l'utilité publique des travaux projetés.

Il est justifié de l'accomplissement de cette formalité ainsi que de la publication et de l'affichage de l'arrêté du préfet, par un certificat du maire.

Après avoir clos et signé le registre des déclarations, le commissaire le transmet immédiatement au préfet avec son avis motivé et les pièces qui ont servi de base à l'enquête.

Nous arrivons à la seconde formalité prescrite par la loi, la délibération des conseils municipaux des communes intéressées.

Disons immédiatement que l'arrêté préfectoral ordonnant l'ouverture de l'enquête devra convoquer en même temps le conseil municipal en vue de cette délibération. Si toutefois le préfet prenait un arrêté séparé pour cette convocation, il y aurait lieu de donner à cet arrêté la même publicité qu'à l'arrêté prescrivant l'ouverture de l'enquête.

Dans la huitaine qui suit la clôture de l'enquête, le conseil municipal exprime son avis dans une délibération dont le procès-verbal est immédiatement adressé au préfet, pour être joint au dossier.

Le conseil désigne, en outre, deux délégués chargés de représenter la commune dans la commission spéciale, dont nous allons parler ultérieurement.

Ces délégués doivent être choisis en dehors des propriétaires de parcelles comprises dans le périmètre des terrains sur lesquels les travaux doivent être exécutés.

Après l'enquête et la délibération du conseil municipal, notre article 2 exige encore différents avis qui doivent également précéder la loi déclarant l'utilité publique.

D'après l'énumération faite dans l'article 2, nous devrions nous occuper maintenant des avis du conseil d'arrondissement et du conseil général, mais le règlement d'administration publique n'a pas suivi cet ordre.

On a pensé avec raison que les avis du conseil d'arrondissement et du conseil général ne devaient être donnés qu'après que la Commission spéciale aurait exprimé le sien.

L'énumération faite par l'article 2 de la loi n'implique pas, en effet, l'obligation de prendre ces avis dans l'ordre qu'elle paraît indiquer. Le conseil d'arrondissement et surtout le conseil général ne doivent se prononcer que sur une instruction complète ; comment pourraient-ils le faire si un élément aussi essentiel de cette instruction, si l'avis de cette Commission spéciale, dans laquelle ils auront leurs délégués, ne leur était pas communiqué?

Nous examinerons donc d'abord la composition et le fonctionnement de la Commission spéciale.

La Commission comprend :

Le préfet ou son délégué, président, avec voix prépondérante ;

Un membre du conseil général et un membre du conseil d'arrondissement, autres que ceux du canton où se trouve le périmètre, délégués par leurs conseils respectifs et toujours rééligibles : cette désignation est faite par ces conseils dans le cours de leur session. Dans l'intervalle des sessions, le conseiller général et le conseiller d'arrondissement sont désignés par la Commission départementale;

Deux délégués de la commune intéressée, désignés dans les mêmes conditions par le conseil municipal, c'est-à-dire choisis en dehors des propriétaires de parcelles comprises dans le périmètre; nous avons déjà fait remarquer qu'aux termes de l'article 4 du règlement d'administration publique, ces délégués doivent être nommés dans la huitaine après la clôture de l'enquête, au moment où le conseil municipal prend la délibération dans laquelle il exprime son avis : l'expression de « délégués » laisse une liberté complète pour le choix de ces représentants de la commune; ils pourront être pris soit parmi les conseillers municipaux, soit parmi les propriétaires, soit enfin en dehors de la commune, mais toujours sous la condition expresse de ne posséder aucune parcelle dans le périmètre des terrains sur lesquels les travaux doivent être exécutés;

Un ingénieur des ponts et chaussées ou des mines;

Un agent forestier;

Ces deux derniers membres sont nommés par le préfet.

Nous n'avons rien à ajouter à ces prescriptions de la loi et du règlement d'administration publique : elles sont claires et précises et doivent être rigoureusement observées.

Voilà donc la Commission spéciale composée. Comment va-t-elle fonctionner ?

Dès qu'elle est constituée, le préfet doit la convoquer. Elle se réunit au lieu indiqué par un arrêté spécial de convocation dans la quinzaine de la date de cet arrêté.

Elle examine *séparément*, pour chaque commune, les pièces de l'instruction, les déclarations consignées au registre de l'enquête et, après avoir recueilli tous les renseignements nécessaires, elle donne son avis motivé tant sur l'utilité publique de l'entreprise que sur les mesures d'exécution indiquées dans l'avant-projet. Cet avis doit être rédigé en forme de procès-verbal, dans le délai d'un mois, à partir de l'arrêté de convocation.

Nous faisons observer ici qu'aux termes de l'article 2, l'enquête devant être ouverte dans chacune des communes intéressées, il y avait lieu de prescrire pour chaque commune un examen séparé des pièces de l'instruction :

c'est ce qu'a fait le règlement d'administration publique.

Par suite, lorsque les projets intéresseront plusieurs communes, la Commission devra délibérer successivement et séparément sur l'utilité de l'entreprise et sur les mesures d'exécution projetées par rapport à chacune des communes intéressées.

La Commission ne comprendra donc, dans aucun cas, plus de deux délégués municipaux : ce serait méconnaître le vœu de la loi que de donner dans cette Commission la prépondérance à l'élément municipal, dont les avis pourraient être dictés quelquefois par les préoccupations toujours puissantes de l'intérêt local.

L'avis de la Commission spéciale, formulé dans un procès-verbal, doit intervenir dans un délai d'un mois à partir de l'arrêté de convocation.

Il ne reste plus au préfet qu'à prendre l'avis du conseil d'arrondissement et du conseil général. Ces assemblées donnent cet avis au cours de leur session respective ; en cas d'urgence, elles pourraient être convoquées pour une session extraordinaire.

Le préfet adresse alors au ministre de l'agriculture, avec son avis motivé, toutes les pièces de l'instruction relatives à chaque commune.

Dans le cas où les travaux projetés intéresseraient plusieurs départements, il devrait être procédé simultanément, dans chaque département, à l'accomplissement des formalités que nous venons d'indiquer.

Le ministre de l'agriculture, saisi de l'ensemble du dossier, prépare le projet de loi statuant sur la déclaration d'utilité publique des travaux de restauration.

Nous avons déjà eu occasion de dire que le projet peut comprendre l'ensemble des terrains à restaurer dans un même bassin de rivière torrentielle.

Le projet de loi est soumis directement aux Chambres qui, avant de déclarer l'utilité publique, auront, comme nous l'avons déjà vu, à rechercher si les formalités prescrites par la loi du 4 avril 1882 ont été accomplies.

Le Conseil d'État n'aura même pas à donner son avis comme il le fait, par exemple, pour les chemins de fer d'intérêt local dont l'utilité publique est cependant déclarée par une loi; toutefois, si l'administration supérieure veut user d'un droit qui ne saurait lui être contesté, elle pourra toujours lui communiquer les affaires délicates et l'inviter à exprimer son sentiment sur les difficultés particulières que ces affaires pourront présenter, sauf à elle à faire tel usage qu'il lui conviendra de cet élément facultatif d'instruction qui, comme tous les documents de cette nature, restera la propriété exclusive du Gouvernement.

Si la proposition de l'administration des forêts est admise par les Chambres, la loi qui déclare les travaux d'utilité publique fixe également le périmètre des terrains sur lesquels ils doivent être exécutés.

Art. 3.

La loi est publiée et affichée dans les communes intéressées; un duplicata du plan du périmètre est déposé à la mairie de chacune d'elles.

Le préfet fait, en outre, notifier aux communes, aux établissements publics et aux particuliers, un extrait du projet et du plan contenant les indications relatives aux terrains qui leur appartiennent.

La loi déclarant l'utilité publique des travaux de restauration votée, il s'agit d'en assurer l'exécution.

L'article 3 prescrit d'abord la publication et l'affichage dans les communes intéressées.

Le préfet est chargé de l'accomplissement de ces formalités : les plans et extraits nécessaires aux dépôt et notifications prévus par notre article doivent lui être, à cet effet, immédiatement transmis par l'administration des forêts.

ART. 4.

Dans le périmètre fixé par la loi, les travaux de restauration seront exécutés par les soins de l'administration et aux frais de l'État qui, à cet effet, devra acquérir, soit à l'amiable, soit par expropriation, les terrains reconnus nécessaires. Dans ce dernier cas, il sera procédé, dans les formes prescrites par la loi du 3 mai 1841, à l'exception de celles qu'indiquent les articles 4, 5, 6, 7, 8, 9 et 10 du titre II et qui sont remplacées par celles des articles 2 et 3 de la présente loi.

Toutefois les propriétaires, les communes et les établissements publics pourront conserver la propriété de leurs terrains, s'ils parviennent à s'entendre avec l'État avant le jugement d'expropriation, et s'engagent à exécuter dans le délai à eux imparti, avec ou sans indemnités, aux clauses et conditions stipulées entre eux, les travaux de restauration qui leur seront indiqués et à pourvoir à leur entretien sous le contrôle et la surveillance de l'administration forestière.

Ils pourront, à cet effet, constituer des associations syndicales, conformément aux dispositions de la loi du 21 juin 1865.

Dans son premier paragraphe, l'article 4 pose comme principe général l'exécution par l'État des travaux déclarés d'utilité publique et devenus, par suite, obligatoires.

Examinons d'abord cette partie de l'article 4, l'un des plus importants de notre loi.

L'État pourra acquérir les terrains reconnus nécessaires, soit à l'amiable, soit par voie d'expropriation.

Dans le premier cas, pas de difficultés. Les propriétaires se concertent avec les agents forestiers et, quand l'accord est établi, le contrat est passé dans les formes et conditions prévues par les articles 19, 56, 58 et 59 de la loi du 3 mai 1841 (Voir art. 13 du règlement d'administration publique).

Mais quelles sont les règles à suivre lorsque l'État est obligé de recourir à l'expropriation?

Dans ce dernier cas, dit notre article, il sera procédé, dans les formes prescrites par la loi du 3 mai 1841, à l'exception de celles qu'indiquent les articles 4, 5, 6, 7, 8, 9 et 10 du titre

II et qui sont remplacées par celles des articles 2 et 3 de la présente loi.

Cette disposition mérite quelques développements.

Aux termes de l'article 3 de la loi du 3 mai 1841, l'utilité publique des travaux à exécuter se constate au moyen d'une enquête qui doit précéder la loi ou le décrét autorisant ces travaux.

Les formes de cette enquête avaient été déjà déterminées par ordonnance royale du 18 février 1834, complétée par une autre ordonnance du 15 février 1835.

Dans cette enquête, le public est appelé à donner son avis, d'une manière générale, sur l'utilité du travail projeté : lorsqu'elle est terminée, intervient alors l'acte de l'autorité compétente qui déclare l'utilité publique.

Il est ensuite procédé à une deuxième enquête, dans laquelle on a multiplié les garanties, parce que l'administration est plus près qu'auparavant de toucher à la propriété privée : les formes de cette nouvelle enquête sont fixées par les articles 4, 5, 6, 7, 8, 9 et 10 de la loi du 3 mai 1841.

Or, nous venons de voir que notre article 4 supprime précisément cette partie de la loi sur l'expropriation pour cause d'utilité publique et la remplace par les formalités établies par les articles 2 et 3 de la loi de 1882.

Il résulte évidemment de cette disposition que les deux enquêtes de la loi de 1841 ne sont plus nécessaires et que l'enquête précédant la loi déclarant l'utilité publique est seule exigée désormais.

Les intéressés trouveront d'ailleurs dans les formes établies par les articles 2 et 3 de la loi, et 3 et suivants du règlement d'administration publique, les mêmes garanties que celles que leur offrait, en cette partie, la loi du 3 mai 1841. Les documents les plus complets leur seront communiqués; la publicité des opérations est assurée par des prescriptions formelles, l'enquête est ouverte dans chaque commune; enfin tous les habitants sont appelés à venir présenter leurs déclarations sur l'utilité publique des travaux projetés.

On retrouve donc en réalité, dans les formes indiquées par l'article 4 de la loi de 1882 et le règlement d'administration publique, les garanties accordées à la propriété privée par la double enquête organisée par la loi de 1841, et l'on comprend très bien qu'il ne soit plus nécessaire de procéder à une nouvelle enquête après la déclaration d'utilité publique, puisque toutes les précautions sont prises pour que, dès la première enquête, tous les intéressés soient mis à même de faire valoir leurs droits.

En ne procédant qu'à une seule enquête, l'administration se conformera donc aux prescriptions de l'article 4 qui supprime la seconde enquête, et qui maintient celle de l'article 3 de la loi de 1841 ; cette dernière sera seulement plus complète, en vertu des dispositions formelles de l'article 2 de notre loi.

En résumé, après la déclaration d'utilité publique, il n'y aura plus de seconde enquête et il y aura lieu de faire prendre immédiatement, par le préfet, l'arrêté de cessibilité des terrains et de provoquer ensuite le jugement d'expropriation.

On ne doit pas s'attendre à trouver, dans notre travail, le commentaire de la loi de 1841, dont les dispositions sont désormais applicables à la restauration des terrains en montagne. De nombreux traités ont été publiés sur cette matière spéciale, et nous renvoyons à ces ouvrages pour l'explication des articles de cette loi et la solution des difficultés qui pourront se présenter.

Toutefois, une question particulière a appelé notre attention et nous a paru mériter quelques développements.

Quelles sont les règles à suivre pour appliquer la loi du 4 avril 1882 aux terrains domaniaux?

Dans le cas où des terrains domaniaux se trouveraient compris dans des périmètres déclarés d'utilité publique, deux hypothèses peuvent se présenter : ou les terrains domaniaux ne sont grevés d'aucuns droits d'usage, ou, au contraire, ces mêmes terrains sont frappés d'une servitude constituée au profit de communes, d'établissements publics ou de particuliers.

La première hypothèse ne présente aucune difficulté. L'État n'a point à acquérir ces terrains; il reçoivent une destination particulière, une affectation précise et déterminée, mais aucune mutation de propriété n'est nécessaire.

La marche à suivre est tracée par l'ordonnance du 4 juin 1833, qui dispose qu'il est statué sur ces sortes d'affaires, par un décret concerté entre le ministre des finances et le ministre qui réclame l'affectation; il est bien entendu que, dans cette hypothèse, il n'est pas question d'indemnité puisqu'il n'y a pas de mutation de propriété. Le décret n'est même pas nécessaire si l'administration des forêts opère sur des terrains déjà soumis au régime forestier et sur lesquels elle a, par conséquent, le droit d'exécuter les travaux destinés à en assurer la restauration.

Mais si les terrains domaniaux qui se trouveront compris dans un périmètre déclaré d'utilité publique, sont grevés de droits d'usage, il est incontestable que les usagers privés de ces droits pourront réclamer une indemnité.

Comment, dans ce cas, sera-t-il procédé au règlement de cette indemnité? Ainsi que nous venons de le dire, l'administration des forêts n'aura pas à poursuivre l'expropriation des terrains domaniaux; devra-t-elle, néanmoins, faire procéder à l'expropriation des droits d'usage? La question est délicate.

Il ne s'agit pas de contestations se référant à la propriété des droits d'usage, ou ayant pour objet les affectations à un titre particulier dans les bois de l'État.

Ces contestations sont de la compétence de l'autorité judiciaire.

Il ne s'agit pas non plus de réduire l'exercice des droits d'usage suivant l'état et la possibilité des forêts ; dans ce cas, la compétence appartiendrait à l'autorité administrative.

Non, il s'agit de supprimer l'exercice d'un droit qui existe sur un terrain appartenant à l'État.

Il est bien difficile de ne pas admettre que, dans cette hypothèse, l'administration ne soit obligée de remplir, à l'égard des usagers, les formalités ordinaires de l'expropriation.

On ne peut, en effet, considérer qu'il n'y a, dans la suppression de ce droit, qu'un simple dommage résultant de travaux publics et, par suite, de la compétence des conseils de préfecture.

La circonstance que l'État n'aura pas eu à se procurer les terrains par voie d'expropriation, ne peut le dispenser de remplir les formalités de l'expropriation à l'égard des tiers auxquels appartiennent sur ces terrains quelques-uns des droits prévus par les articles 21 et 39 de la loi de 1841, et qui ne consentiraient pas à l'abandon volontaire de leurs droits.

C'est en ce sens que s'est prononcé le Conseil d'État dans plusieurs affaires jugées en 1849 et 1850, et nous estimons en conséquence, qu'il sera conforme à l'esprit de la loi de 1841 et surtout aux intentions du législateur de 1882 de procéder, dans cette hypothèse, par voie d'expropriation.

A l'appui de notre opinion, nous invoquons le remarquable ouvrage de M. Daffry de la Monnoye (t. I, art. 21, p. 283), qui s'exprime ainsi dans la question qui nous occupe :

« Un avis du Conseil d'État du 24 janvier 1849 a reconnu que le titre IV de la loi de 1841 doit s'appliquer même à de simples locataires, lorsque l'immeuble occupé par eux appartient déjà à la ville qui poursuit l'expropriation.

« Les motifs de cet avis sont ainsi conçus : « Considérant que la loi du 3 mai 1841, en consacrant le droit d'expropriation au profit de l'administration, n'a fait aucune distinction entre les intéressés qui, à quelque titre que ce soit, pourraient faire obstacle à ce que l'administration entrât dans la jouissance d'un immeuble; que le titre IV de cette loi a, au contraire, déterminé une procédure uniforme pour le règlement des indemnités qui pourraient être dûes aux propriétaires et à tous ceux qui auraient des droits d'usufruit, d'habitation ou d'usage sur l'immeuble; qu'il en résulte que si l'administration est déjà propriétaire de l'immeuble, dont un bail fait à un tiers ne lui permet pas de disposer, elle doit agir vis-à-vis de son locataire comme elle aurait agi vis-à-vis du propriétaire et des locataires dans le cas où elle n'aurait pas été elle-même propriétaire de l'immeuble; considérant dès lors, que la seule question à examiner est celle de savoir s'il y a utilité publique à ce que la dépossession ait lieu; que, dans l'espèce, toutes les formalités établies par la loi ont été remplies, que l'enquête et toutes les pièces produites démontrent l'utilité des travaux projetés. »

« Toutes les fois donc qu'il y a expropriation, tout droit qui fait obstacle à l'entrée en jouissance ne peut-être détruit que par l'accomplissement des formalités de la loi de 1841.

« On a argumenté contre cette jurisprudence d'un arrêt du Conseil d'État du 14 septembre 1852, rendu en une espèce dans laquelle le locataire d'un des pavillons existant autrefois sur le Pont-Neuf prétendait que c'était par le jury que devait être fixée l'indemnité à laquelle lui donnait droit la suppression de ce pavillon. La compétence administrative fut au contraire maintenue et avec raison, parce que ce n'était pas par voie d'expropriation que les pavillons du Pont-Neuf avaient été démolis. »

Nous pensons également que la décision contenue en cet arrêt n'a rien de contraire aux principes ci-dessus posés.

M. Dufour (*Traité du droit administratif*, t. V, page 652, n° 643, se prononce dans le même sens; on peut consulter aussi une dissertation insérée dans le recueil de Sirey, année 1858, 2e partie, page 714.

L'opinion contraire a été soutenue par quelques auteurs, mais il nous semble que l'autorité des documents que nous venons de reproduire est décisive et que la question doit être tranchée conformément à l'avis du Conseil d'État, dont la portée est générale et s'applique à tous les intéressés à quelque titre que ce soit.

Nous arrivons au second paragraphe de l'article 4.

Tout en posant comme principe général l'exécution par l'État, des travaux obligatoires, la loi a prévu que ces mêmes travaux pourraient être exécutés par les propriétaires, les communes et les établissements publics.

Mais à quelles conditions?

Les dispositions combinées de la loi et du règlement d'administration publique vont nous donner la réponse.

Nous avons vu qu'aux termes de l'article 3

de la loi du 4 avril 1882, la loi déclarant l'utilité publique des travaux de restauration et fixant le périmètre des terrains sur lesquels ces travaux doivent être exécutés, est publiée et affichée, non seulement dans les communes intéressées, mais que le préfet est chargé en outre, de faire notifier aux communes, aux établissements publics et aux particuliers, un extrait du projet et du plan contenant les indications relatives aux terrains qui leur appartiennent.

Dans le délai de trente jours après cette notification, dit l'article 9 du règlement d'administration publique, les propriétaires et les associations syndicales libres, assimilées dans ce cas aux simples propriétaires, qui désirent bénéficier des dispositions de l'article 4 de la loi et conserver la propriété de leurs terrains, doivent en informer par écrit le conservateur des forêts. Celui-ci leur notifie les travaux qu'ils devront effectuer sur leurs terrains, les clauses, conditions et délais d'exécution, ainsi que le montant des indemnités qui pourront leur être accordées par l'État.

Si les propriétaires et les associations syndicales libres acceptent ces conditions, ils remettent en double minute au conservateur et dans les quinze jours, l'engagement d'exécuter ces travaux dans le délai qui leur est imparti, aux clauses et conditions stipulées entre eux et de pourvoir à leur entretien, sous le contrôle et la surveillance de l'administration forestière.

Cet engagement doit contenir la justification des moyens d'exécution. Il est soumis à l'approbation du ministre de l'agriculture.

En cas d'approbation, mention en est faite sur l'une des minutes, qui est rendue au propriétaire.

A défaut de déclaration ou d'acceptation dans les délais que nous venons d'indiquer, les propriétaires et les associations syndicales libres sont réputés renoncer au bénéfice des dispositions du deuxième paragraphe de l'article 4 de la loi du 4 avril 1882.

Avec cette disposition, l'État sera fixé sans retard sur les intentions des propriétaires et pourra procéder à l'acquisition des terrains, soit à l'amiable, soit par expropriation.

L'article 10 du règlement d'administration publique, rédigé dans le même esprit que l'article 9, trace les règles à suivre par les communes et les établissements publics qui voudraient également bénéficier des dispositions de l'article 4 de notre loi.

La différence qui existe dans la procédure à

suivre, consiste dans la manière dont les engagements doivent être pris, les communes et les établissements publics devant, pour contracter, se conformer aux règles générales du droit.

Le règlement d'administration publique s'est borné à mentionner dans les articles 9 et 10 les associations syndicales libres et les associations syndicales autorisées.

Les associations libres ne sont, en réalité, qu'une réunion de propriétaires, constituée sans l'intervention de l'administration ; les associations syndicales, formées avec le concours de l'administration sont au contraire assimilées aux établissements publics : ainsi s'explique la mention dans les articles 9 et 10 du règlement d'administration publique de chacune des natures d'associations, que, suivant les circonstances, les intéressés pourront établir en se conformant aux dispositions de la loi du 21 juin 1865.

On se rappelle, en effet, que le dernier paragraphe de l'article 4 de la loi du 4 avril 1882 permet aux propriétaires, aux communes et aux établissements publics qui auront obtenu d'exécuter eux-mêmes les travaux de restauration, de constituer à cet effet des associations syndicales conformément aux dispositions de la loi spéciale qui régit cette matière.

Cette introduction en bloc de la législation sur les associations syndicales ne laisse pas que d'être un peu embarrassante; l'intention du législateur est d'autant plus obscure que, ni dans les rapports, ni dans la discussion, on ne trouve un seul mot pouvant expliquer les conditions de l'application de la loi de 1865.

Une première question se pose : les deux espèces d'associations prévues par la loi du 21 juin 1865 pourront-elles être constituées en vertu de notre article 4? Si l'on admet qu'elles peuvent être constituées, leur fonctionnement, dans le sens de la loi de 1865, pourra-t-il se concilier avec l'esprit et le texte de la loi de 1882?

Nous avons déjà rappelé dans quelles conditions se constituent les associations libres et les associations autorisées.

Supposons que des propriétaires se soient constitués en association libre ou que, à raison des oppositions que le projet d'association a rencontrées, ces propriétaires aient obtenu de former une association autorisée. A ce moment, le jugement d'expropriation n'étant pas encore intervenu, les propriétaires garderont leurs terrains. Mais, si les travaux que l'administration leur impose exigent immédiatement l'expropriation de terrains autres que ceux qui ont été regardés comme nécessaires lors de la loi déclarative de l'utilité publique, si l'entretien des ouvrages auxquels l'association est obligée, nécessite dans la suite l'exécution de certains travaux et l'acquisition de nouveaux terrains, comment l'association devra-t-elle procéder pour se procurer ces terrains ?

Si c'est une association libre, elle n'a pas le droit de recourir à l'expropriation pour cause d'utilité publique ; elle devra donc se transformer en association autorisée pour jouir des privilèges accordés à cette nature d'association. En effet, par suite de l'assimilation des travaux des associations autorisées aux travaux publics, ces dernières peuvent seules recourir à l'expropriation pour acquérir les terrains qui leur sont nécessaires. On se trouvera donc toujours, dans l'hypothèse que nous avons posée, en présence d'une association transformée ou autorisée.

Revenons maintenant à notre question : comment ces associations devront-elles procéder pour se procurer les terrains dont elles auront besoin ?

La loi du 4 avril 1882 semble les appeler à

jouir de tous les droits établis en faveur des associations organisées par la loi du 21 juin 1865.

Or, parmi ces droits, se trouve celui d'exproprier suivant les formes indiquées par l'article 18 de cette dernière loi. Aux termes de cet article, la déclaration d'utilité publique est faite par un décret rendu en Conseil d'État et le règlement de l'indemnité est effectué par un jury, institué dans les conditions de l'article 16 de la loi du 21 mai 1836.

Mais alors tout le système de la loi de 1882 se trouverait renversé !

Si, dans l'hypothèse où nous nous sommes placé, hypothèse qui se présentera certainement dans la pratique, une association autorisée veut poursuivre une expropriation en vertu de l'article 18 de la loi de 1865, les expropriés ne pourront-ils pas venir dire devant l'autorité compétente : la loi du 4 avril 1882 a réservé formellement au législateur le soin de déclarer l'utilité publique des travaux de restauration ; nos terrains ne sont expropriés que pour permettre d'entreprendre ou d'achever des travaux de cette nature ; cependant, la loi de 1882 a voulu donner aux intérêts privés des garanties exceptionnelles ; ces garanties sont d'ordre général ; la discussion la plus approfondie à laquelle le législateur se soit livré, a précisément porté sur cette procédure de l'expropriation ; aucune raison ne permet de distinguer entre les travaux effectués par l'État et ceux qui seront exécutés par les associations syndicales ; tous sont assimilés à des travaux publics, dont l'autorisation est réservée à une loi. Comment, dès lors, ces associations seraient-elles fondées à se prévaloir des dispositions de l'article 18 pour procéder à l'expropriation des terrains qui leur sont nécessaires, en présence des termes si formels de l'article 2 de la loi de 1882? Les conséquences de l'introduction générale de la loi de 1865 en cette matière ,ont évidemment échappé au législateur, mais l'esprit comme le texte de la nouvelle loi, ne permettent pas de supposer un instant qu'il ait pu admettre la possibilité de faire prononcer par un décret rendu en Conseil d'État, la déclaration d'utilité publique de travaux de restauration de terrains en montagne. L'article 18 de la loi de 1865 n'est donc pas applicable dans ce système.

Il nous semble qu'il n'y aurait rien à répondre à cette argumentation ; mais alors que devient l'application générale de la loi de 1865, à la matière qui nous occupe ?...

On ne peut d'ailleurs songer à soutenir quele paragraphe final de l'article 4 ne vise que les associations libres qui n'ont pas le droit d'exproprier : la référence à la loi de 1865 est générale, et le règlement d'administration publique l'a compris ainsi en mentionnant dans ses articles 9 et 10, chacune des catégories d'associations qui peuvent être formées en vertu de cette loi.

Il n'entre pas dans le cadre que nous nous sommes tracé d'expliquer en détail la loi du 21 juin 1865 et le règlement d'administration publique du 17 novembre suivant qui complète cette loi ; nous nous bornerons donc à renvoyer sur ce point au savant ouvrage de M. Aucoc (t. II, p. 416 et suivantes), où l'on trouvera les renseignements les plus complets et les plus autorisés sur l'organisation et le fonctionnement des associations syndicales.

Revenons maintenant au contrat intervenu entre les propriétaires et l'administration des forêts.

Les conventions arrêtées, il y a lieu de pourvoir à l'exécution, à la surveillance et à l'entretien des travaux.

La loi a assimilé, en ce point, les communes,

les établissements publics et les propriétaires ; elle a prévu qu'ils auraient la faculté d'exécuter eux-mêmes les travaux de restauration qui leur seront indiqués par l'administration.

Mais ces travaux sont soumis au contrôle et à la surveillance des agents forestiers : qu'il s'agisse de travaux neufs ou de travaux d'entretien, qu'ils soient exécutés avec ou sans indemnité, l'administration forestière aura toujours le droit d'en contrôler l'exécution et d'en surveiller l'entretien.

Lorsque les travaux devront être exécutés par une commune ou un établissement public, sur des terrains leur appartenant, le conseil municipal ou la commission administrative allouera chaque année les crédits ou les journées de prestation fixées par les conventions comme nécessaires tant pour l'exécution des travaux neufs que pour l'entretien des travaux effectués.

Il était utile de prévoir l'inexécution des engagements et d'édicter une sanction : le refus d'allocation, dit l'article 11 du règlement d'administration publique, entraîne de plein droit la déchéance de la faculté accordée par le paragraphe 2 de l'article 4 de la loi du 4 avril 1882.

Dans cette hypothèse, les travaux seront

exécutés par l'administration, aux frais de l'État, qui se procurera les terrains, soit à l'amiable, soit par voie d'expropriation.

Comme conséquence de son droit de contrôle et de surveillance, l'administration des forêts n'est tenue de payer les indemnités qu'elle s'est engagée à donner pour l'exécution des travaux qu'après qu'il a été procédé à leur réception par les soins de ses agents.

L'indemnité n'est payée, dit l'article 12 du règlement d'administration publique, qu'au vu d'un procès-verbal de réception dressé par l'agent forestier local et sur l'avis du conservateur.

De même que le refus d'allouer les crédits nécessaires pour l'exécution ou l'entretien des travaux, entraîne pour la commune et les établissements publics la déchéance de la faculté qui leur est accordée par le paragraphe 2 de l'article 4 de la loi du 4 avril 1882, de même l'inexécution dans les délais impartis, la mauvaise exécution ou le défaut d'entretien entraîneront cette déchéance pour les particuliers, les communes ou les établissements publics.

La violation des engagements devra être constatée par le conservateur des forêts ou son délégué : la constatation sera faite en présence des propriétaires convoqués à cet effet : s'ils n'obéissent pas à la convocation, le procès-verbal devra mentionner cette circonstance, et l'opération s'effectuera en leur absence.

La déchéance encourue, une décision du ministre de l'agriculture ordonnera qu'il sera procédé à l'exécution des travaux de restauration, par les soins de l'administration, conformément au paragraphe 1er de l'article 4 de la loi du 4 avril 1882.

Cette décision pourra être l'objet d'un recours devant le Conseil d'Etat, statuant au contentieux.

ART. 5.

Dans les pays de montagne, en dehors même des périmètres établis conformément aux dispositions qui précèdent, des subventions continueront à être accordées aux communes, aux associations pastorales, aux fruitières, aux établissements publics, aux particuliers, à raison des travaux entrepris par eux pour l'amélioration, la consolidation du sol et la mise en valeur des pâturages.

Ces subventions consisteront soit en délivrances de graines ou de plants, soit en argent, soit en travaux.

Dans les articles qui précèdent, nous avons

eu à nous occuper des travaux obligatoires, c'est-à-dire de ceux dont l'exécution rendue nécessaire par la dégradation du sol et des dangers nés et actuels, a été déclarée d'utilité publique.

Nous nous nous trouvons ici en présence de travaux, toujours utiles sans doute, mais dont l'exécution est laissée à l'initiative privée et pour lesquels l'État se borne à donner des encouragements à ceux qui les entreprennent.

Les communes, les associations pastorales, les fruitières, les établissements publics, les particuliers, sont appelés à participer aux subventions de l'État. Là encore, il doit s'agir de terrains en montagne, sans qu'il y ait à distinguer entre les sommets ou les pentes ; les travaux doivent être effectués en vue de l'amélioration, de la consolidation du sol ou de la mise en valeur des pâturages.

Les subventions qui consistent soit en délivrances de graines ou de plants, soit en argent, soit en travaux, sont accordées par le ministre de l'agriculture.

Les propriétaires qui désirent prendre part à ces subventions adressent leur demande au conservateur des forêts dans la circonscription duquel se trouvent leurs terrains. Celui-ci fait procéder à l'instruction nécessaire sur cette demande.

S'il s'agit d'une commune, d'une association pastorale, d'une fruitière ou d'un établissement public, la demande doit être adressée au préfet qui la transmet au conservateur avec son avis motivé.

Cette différence dans le mode de procéder exigé pour ce dernier cas, s'explique par la nécessité de mettre l'administration supérieure en état d'exercer le droit de tutelle et de surveillance qu'elle possède sur ces établissements.

Les subventions allouées en graines ou plants sont estimées en argent.

Avant la délivrance, l'estimation faite par l'administration des forêts est notifiée aux intéressés, propriétaires, communes, etc., qui doivent l'accepter. La forme dans laquelle cette acceptation est notifiée, est évidemment la même que celle exigée pour la demande.

Les travaux entrepris à l'aide de subventions de l'État, quelle que soit la nature de ces subventions, sont exécutés sous le contrôle et la surveillance des agents forestiers.

Les subventions en argent sont payées après l'exécution des travaux au vu d'un procès-verbal de réception dressé par l'agent forestier local et sur l'avis du conservateur. Ici encore, le règlement d'administration publique édicte une sanction en prévision de la violation des engagements contractés.

Le montant des subventions en graines ou plants, peut être répété par l'État en cas d'inéxécution des travaux, de détournement d'une partie des graines, ou de mauvaise exécution constatée par le conservateur des forêts ou son délégué, contradictoirement ou en l'absence des propriétaires dûment convoqués.

Le règlement d'administration publique n'avait à prendre aucune disposition relativement aux subventions en argent qui ne sont payables qu'après la réception des travaux : à plus forte raison, l'administration se trouve-t-elle garantie si les subventions consistent en travaux, puisque ceux-ci sont exécutés sous le contrôle et la surveillance de ses agents.

L'article 16 du règlement d'administration publique soumet de plein droit au régime forestier les terrains appartenant aux communes et aux établissements publics, sur lesquels des travaux de reboisement sont entrepris à l'aide de subventions de l'État.

Cette disposition, qui se trouvait déjà dans

le décret du 10 novembre 1864, se justifie par elle-même.

Ce régime est, en effet, nécessaire pour assurer la conservation des jeunes bois exposés aux abus de jouissance et surtout aux abus de pâturage.

L'administration aurait d'ailleurs le droit de l'imposer comme condition de l'allocation de ses subventions.

Mais ce même régime ne peut s'appliquer aux propriétés privées. Le Gouvernement, qui exerce sur les communes et les établissements publics les fonctions de tuteur, a bien pu soumettre leurs bois à un régime spécial, mais le code de 1827 a laissé aux particuliers la libre disposition de leurs bois et déclaré qu'ils sont complètement affranchis du régime forestier, sous la réserve de certaines restrictions imposées au nom de l'intérêt public. (Bois de marine, défrichements, etc.)

Le second paragraphe de l'article 16 du règlement d'administration publique prévoit l'hypothèse où les terrains des communes et des établissements publics sur lesquels des travaux de reboisement auraient été entrepris à l'aide de subventions de l'État, viendraient à être distraits du régime forestier, auquel ces terrains sont soumis de plein droit.

Dans ce cas, l'administration des forêts pourra requérir la restitution des subventions allouées.

Cette restitution est ordonnée par un arrêté du préfet.

Le droit accordé à l'administration a surtout pour but d'empêcher les communes et les établissements publics de profiter de la plus value qu'auront acquise leurs terrains reboisés.

L'administration des forêts sera libre d'exercer ce droit selon les circonstances; c'est une faculté qui lui est donnée d'appliquer un principe salutaire destiné à prévenir des spéculations si en opposition avec l'esprit et le but de la loi.

Si les subventions avaient consisté en travaux, l'administration des forêts aurait incontestablement le droit de s'en faire restituer la valeur.

Les réclamations qui s'élèveront contre les arrêtés préfectoraux ordonnant les restitutions des subventions allouées devront être portées devant le ministre de l'agriculture auquel il appartient de prononcer sur les contestations de cette nature ,sauf recours au Conseil d'État.

Art. 6.

Le paragraphe 1er de l'article 224 du Code forestier, qui autorise le défrichement des jeunes bois pendant les vingt premières années après leur semis ou plantations, n'est applicable, dans aucun cas, aux reboisements effectués en exécution de la présente loi.

Mais les bois ainsi créés bénéficient sans exception de l'exemption d'impôts établie pendant trente ans par l'article 226 du Code forestier.

On sait qu'aux termes de l'article 219 du Code forestier, aucun particulier ne peut défricher ses bois qu'après en avoir fait la déclaration à la sous-préfecture au moins quatre mois à l'avance, durant lesquels l'administration a le droit de faire signifier au propriétaire son opposition au défrichement, qui ne peut être effectué qu'après une instruction dans le détail de laquelle nous n'avons pas à entrer.

L'article 224 du Code forestier a excepté des dispositions de l'article 219, les jeunes bois pendant les vingt premières années après leur semis ou plantation.

Les reboisements effectués en exécution de la loi du 4 avril 1882 auraient donc été exposés à disparaître si les plantations n'avaient pas réussi selon les espérances, ou si les propriétaires avaient voulu rendre leurs terrains à leur ancien état. Rien n'était plus légitime que de prévenir cet abus : l'article 12 de la loi de 1860 avait déjà déclaré que le paragraphe 1er de l'article 224 n'était pas applicable aux reboisements effectués avec subventions ou primes accordées par l'État. L'article 6 de notre loi décide, par une disposition claire et précise, qu'en aucun cas, l'autorisation de défrichement résultant du paragraphe 1er de l'article 224 du Code forestier ne pourra être appliquée aux reboisements effectués en exécution de la loi de 1882.

Enfin, aux termes du dernier paragraphe de l'article 6, les bois ainsi créés bénéficient sans exception de l'exemption d'impôts accordée pendant trente ans aux semis ou plantations de bois prévus par l'article 226 du Code forestier.

OBSERVATIONS GÉNÉRALES

SUR LE TITRE PREMIER

Nous avons terminé l'examen du titre 1er de la loi du 4 avril 1882 et des dispositions du règlement d'administration publique relatives à ce titre; il nous reste cependant, avant de poursuivre notre étude, à présenter quelques observations générales relatives aux règles de compétence et aux sanctions pénales spéciales au titre 1er et dont il n'a pas encore été parlé.

I

L'assimilation aux travaux publics des travaux entrepris soit par l'État, soit par les communes, les établissements publics, les associations syndicales, soit même par les propriétaires, pour la restauration des terrains en montagne, entraîne au point de vue de la compétence une conséquence qu'il est utile de signaler. Toutes les contestations relatives aux marchés passés pour l'exécution de ces travaux et aux dommages, autres que l'expropriation, qui peuvent en résulter, devront être jugées par le conseil de préfecture et, en appel, par le Conseil d'État.

Nous ne faisons aucune différence entre les travaux exécutés par l'État ou ceux que les propriétaires, les communes et les établissement publics pourraient effectuer, conformément aux dispositions du paragraphe 2 de l'article 4 de la loi de 1882.

Ces travaux, en effet, sont obligatoires, la loi les a assimilés aux travaux publics, ils auront toujours été l'objet d'une déclaration d'utilité publique faite par une loi spéciale; peu importe que par suite d'une entente avec l'administration, intervenue avant le jugement d'expropriation, les différents propriétaires aient pu conserver leurs terrains; cette circonstance ne peut faire perdre à ces travaux imposés par l'admininistration, leur caractère de travaux conçus, entrepris et exécutés dans un but essentiellement d'utilité publique. En réalité, les propriétaires qui effectueront les travaux dont il s'agit, prendront le lieu et place de l'administration, et seront de véritables entrepreneurs de travaux publics, dans le sens de l'article 4 de la loi du 28 pluviôse an VIII.

II

Nous arrivons maintenant aux sanctions pénales dont il n'a pas encore été question.

Aucun texte ne prévoit jusqu'à présent la répression des infractions commises sur les terrains compris dans les périmètres fixés par la loi et, il faut bien le dire, nous ne rencontrerons pas ce texte en poursuivant notre chemin. Or, les terrains dont il s'agit n'étant pas soumis au régime forestier, à la différence des terrains appartenant aux communes et aux établissements publics sur lesquels des travaux de reboisement ont été ou sont entrepris à l'aide de subventions de l'État, comment assurer leur surveillance et pourvoir à leur conservation ?

Le législateur n'a certainement pas entendu laisser sans protection et les travaux exécutés à grands frais dans un intérêt de sécurité publique, et les terrains restaurés par ces travaux.

Cependant, si l'on examine l'économie générale de la loi, sa division, le soin que le législateur a pris d'énumérer après chaque titre ou chaque chapitre, les compétences et les pénalités, on est bien forcé d'admettre que l'on se trouve devant une lacune des plus regrettables.

Constatons d'abord l'erreur ou l'oubli et cherchons ensuite le remède.

La loi du 28 juillet 1860 contenait une disposition formelle pour la répression et la poursuite des délits commis sur les terrains compris dans les périmètres de reboisement.

Les dispositions du droit commun qui pourraient s'appliquer à certains de ces délits, ne sauraient suffire et ne pourraient d'ailleurs être invoquées dans la plupart des cas: d'un autre côté, ces terrains ne pouvant être protégés ni par les dispositions spéciales du code forestier qui ne s'appliquent qu'aux bois, ni par l'extension favorable qu'a donnée la jurisprudence aux dispositions de ce code[1], un texte spécial, comme dans la loi du 28 juillet 1860, était donc nécessaire. Les auteurs des projets primitifs l'avaient

1. La jurisprudence a en effet décidé qu'on pouvait considérer comme protégés par les dispositions du Code forestier les terrains dépendants d'une forêt soumise au régime forestier, contigus à cette forêt ou enclavés dans son enceinte; mais cette jurisprudence ne pourrait évidemment être étendue à des terrains qui ne sont pas soumis au régime forestier et ne constituent ni des enclaves ni des dépendances d'une forêt soumise à ce régime.

bien compris. En effet, dans le projet de loi présenté au Sénat par le Gouvernement, dans la séance du 26 mai 1879, l'article 6 du titre 1er statuait exclusivement sur la constatation et la poursuite des délits commis dans l'étendue des périmètres des terrains sur lesquels des travaux de restauration étaient exécutés.

Il était également statué par une dispositon spéciale de l'article 10 du titre II, relatif à la conservation des terrains en montagne, sur les délits commis dans les terrains mis en défens.

La commission du Sénat, tout en conservant la division adoptée pour les deux premiers titres, supprima l'article 6 du projet du Gouvernement sans rien mettre à la place pour assurer la répression des infractions commises sur les terrains faisant l'objet du titre premier ; elle reporta ensuite cet article au titre II, sous le numéro 13, mais en lui faisant subir une importante modification, justifiée d'ailleurs par le titre spécial dans lequel allait figurer cet article.

L'ancien article 6 disait : les délits commis dans l'étendue des périmètres, etc., le nouvel article 13 portait : « les délits commis sur les terrains mis en défens. »

L'erreur est donc évidente, aussi évidente que le texte est formel. Aucune disposition n'a remplacé celle de l'ancien article 6 ; quant à l'article 13 du projet de la commission, il statue uniquement sur les délits commis dans les terrains mis en défens.

Cette rédaction incomplète a été maintenue dans les différents projets sur lesquels les Chambres ont été appelées à délibérer. Le titre premier ne contient plus de sanction et le caractère particulier de l'article 13, devenu l'article 11 du projet définitivement adopté, n'a fait que s'accentuer. En effet, le titre II ne renferme pas seulement, à la fin de son chapitre 1er et dans son article 11 les dispositions pénales s'appliquant aux délits commis sur les terrains mis en défens ; quand on arrive à la fin du chapitre II du même titre, on voit que les questions de procédure et de pénalité relatives aux contraventions aux règlements de pâturage sont également l'objet de dispositions spéciales.

La loi contient-elle du moins une disposition générale qu'on pourrait invoquer en faveur de l'opinion contraire ? On a songé à l'article 22.

Mais cet article placé dans les dispositions transitoires, n'a eu pour but et pour objet que d'affranchir les communes des frais de garde qui leur incombaient jusque là et qui avaient soulevé tant de récriminations sous l'empire des lois de 1860 et 1864.

Les explications données non dans la discussion, car presque tous les articles ont été votés sans débat, mais dans les rapports des différentes commissions, ne laissent aucun doute sur le sens et la portée de cet article qui se borne, en réalité, à organiser un service unique de surveillance commandé et soldé par l'État.

L'intention probable, certaine même du législateur, peut-elle suppléer à son silence ? Nous ne le pensons pas : le Conseil d'État ne l'a pas pensé non plus, puisque le règlement d'administration publique n'a pas essayé de combler cette lacune. Il ne rentrait pas en effet dans sa mission de créer des délits sur lesquels la loi était restée muette : ce n'est que lorsque le principe de la législation à compléter est inscrit dans la loi, qu'un règlement d'administration publique peut intervenir légalement aux yeux de l'autorité judiciaire, mais lorsque la délégation ne consiste que dans le droit de prendre les mesures générales pour l'application de la loi, le Conseil d'État ne peut régler les questions pénales et il n'a rien à dire quand le législateur lui-même n'a pas parlé.

Toutefois, l'administration des forêts n'est pas complètement ni définitivement désarmée.

Elle peut d'abord demander au Parlement de combler la lacune qui existe à la fin du titre Ier de la loi de 1882.

Elle peut également insérer dans le texte de chacune des lois spéciales déclarant l'utilité publique des travaux de restauration, une disposition aux termes de laquelle les délits commis sur les terrains compris dans les périmètres fixés par ces lois sont constatés et poursuivis comme ceux commis dans les bois soumis au régime forestier.

On pourrait même se borner à n'insérer qu'une seule fois cette disposition dans la première loi déclarant l'utilité publique qui sera soumise au Parlement en ayant soin de lui donner un caractère général, comme cela s'est pratiqué déjà dans des circonstances analogues.

Nous nous bornerons à citer un exemple des plus concluants. La loi du 15 juillet 1845, relative au chemin de fer de Paris en Belgique, et à deux autres lignes, loi qu'il faut bien se garder de confondre avec celle du même jour sur la police des chemins de fer, n'a pas statué seulement sur les mesures à prendre pour la concession de ces trois lignes. Le titre 7 de cette loi contient, sous la dénomination de dispositions générales, les règles qui régissent encore aujourd'hui les formes à suivre pour les adjudications, les conditions à remplir par les concurrents, la négociation des récépissés de souscription, la publication de la valeur des actions avant l'homologation de l'adjudication; différents articles prévoient et punissent les infractions aux dispositions générales contenues dans ce titre annexé, comme on le voit, à une loi aussi spéciale que le sera la première loi déclarant d'utilité publique l'établissement d'un ou plusieurs périmètres de terrains à restaurer.

Enfin, l'administration pourrait saisir les tribunaux de la connaissance de la première infraction commise sur un terrain compris dans un périmètre fixé par une loi et, en soumettant au besoin la question à la Cour de cassation, essayer d'obtenir ainsi par la jurisprudence à laquelle, en définitive, il appartient de dire le dernier mot en cette affaire, la protection que le texte de la loi ne paraît pas lui accorder.

TITRE II.

CONSERVATION DES TERRAINS EN MONTAGNE.

CHAPITRE PREMIER.

DE LA MISE EN DÉFENS.

ART. 7.

L'administration des forêts pourra requérir la mise en défens des terrains et pâturages en montagne appartenant aux communes, aux établissements publics et aux particuliers, toutes les fois que l'état de dégradation du sol ne paraîtra pas encore assez avancé pour nécessiter des travaux de restauration.

Cette mise en défens est prononcée par un décret rendu en Conseil d'État.

Nous avons vu en examinant l'article 2, quelles conditions particulières doit présenter le sol pour que l'administration forestière ait le droit de réclamer l'exécution des travaux de restauration. Nous abordons maintenant l'étude de la seconde catégorie des mesures destinées, dans la pensée du législateur, à combattre efficacement la dégradation progressive de nos montagnes et les désastres qui en sont la conséquence.

L'article 7 qui a cherché à éviter toute équivoque entre les grands travaux et les mesures de conservation, qui font l'objet du titre II, précise nettement les circonstances dans lesquelles ces mesures pourront être ordonnées. Toutes les fois que l'état de dégradation du sol ne paraîtra pas encore assez avancé pour que l'administration des forêts ait le droit d'imposer des travaux de restauration, elle pourra requérir la mise en défens des terrains et pâturages en montagne, appartenant aux communes, aux établissements publics et aux particuliers.

On sait que les terrains en défens, sont ceux sur lesquels il n'est pas permis de faire entrer ou de laisser paître des bestiaux.

L'administration des forêts est juge des circonstances qui provoquent l'application de la mise en défens : c'est à elle seule qu'il appartiendra de prendre l'initiative de cette mesure, à la charge d'observer les conditions fixées par la loi et le règlement d'admistration publique.

Le Sénat avait d'abord décidé que la mise en défens serait prononcée par un arrêté préfectoral. Le Gouvernement a combattu énergiquement cette solution et a fini par l'emporter. Aux termes de notre article 7, la mise en défens devra être prononcée par un décret rendu en Conseil d'État.

Qu'il nous soit seulement permis de regretter, que cette rédaction n'ait pas été adoptée parce que le législateur a reconnu, une fois de plus après tant d'autres, que les intérêts privés n'avaient jamais trouvé de protection plus efficace que celle que, de tout temps, ils ont rencontrée devant le Conseil d'État, et que le rapporteur n'ait mis en avant d'autre raison, pour justifier ce qu'il a appelé une large concession, que l'urgente nécessité de faire aboutir le projet de loi.

Voyons maintenant la procédure à suivre pour obtenir le décret de mise en défens.

Art. 8.

Ce décret est précédé des enquêtes, délibérations et avis prescrits par le troisième paragraphe de l'article 2 de la présente loi.

Il détermine la nature, la situation et les limites du terrain à interdire. Il fixe, en outre, la durée de la mise en défens, sans qu'elle puisse excéder dix ans, et le délai pendant lequel les parties intéressées pourront procéder au règlement amiable de l'indemnité à accorder aux propriétaires pour privation de jouissance.

En cas de désaccord sur le chiffre de l'indemnité, il sera statué, par le Conseil de préfecture, après expertise contradictoire, s'il y a lieu, sauf recours au Conseil d'État, devant lequel il sera procédé sans frais dans les mêmes formes et délais qu'en matière de contributions publiques.

Il pourra n'être nommé qu'un seul expert.

Dans le cas où l'État voudrait, à l'expiration du délai de dix ans, maintenir la mise en défens, il sera tenu d'acquérir les terrains à l'amiable ou par voie d'expropriation publique, s'il en est requis par les propriétaires.

La loi ne semble pas avoir admis de distinction entre les formalités à suivre pour arriver à la mise en défens et celles qui sont prescrites pour obtenir l'exécution des travaux de restauration : le règlement d'administraiton publique s'est donc borné sur ce point, à reproduire la rédaction adoptée dans son article premier.

L'administration des forêts procède à la désignation des terrains dont elle estime que la mise en défens est nécessaire. Elle fait dresser, à cet effet, un procès-verbal de reconnaissance des terrains et un plan des lieux.

Remarquons toutefois une légère modification; à la différence de ce qui existe pour les travaux de restauration, il n'est pas question ici d'un avant-projet, la mise en défens ne devant jamais comporter l'exécution d'un travail préalable.

Le procès-verbal de reconnaissance des terrains et le plan des lieux sont donc établis conformément aux dispositions de l'article 2 du règlement d'administration publique.

Le procès-verbal indique en outre, la nature, la situation et les limites des terrains à interdire au parcours, la durée de la mise en défens proposée par l'administration et qui, en aucun cas, ne peut excéder dix ans, enfin le délai pendant lequel les parties intéressées peuvent procéder au règlement des indemnités à accorder aux propriétaires pour privation de jouissance.

L'utilité de ces indications est trop évidente pour qu'il y ait lieu d'insister.

Dès que l'administration des forêts a établi son procès-verbal de reconnaissance et dressé le plan des lieux, elle transmet ces documents au préfet. Ce fonctionnaire fait procéder alors, dans la forme et les délais prescrits par les articles 4, 5, 6 et 7 du règlement d'administration publique, aux enquête, délibérations et avis prescrits par le troisième paragraphe de l'article 2 de notre loi.

Nous avons expliqué en détail la procédure qui précède la loi déclarant l'utilité publique des travaux de restauration : nous renvoyons purement et simplement à ces explications puisque les mêmes formalités doivent précéder le décret de mise en défens.

Ces formalités accomplies, le préfet renvoie au ministre de l'agriculture toutes les pièces de l'instruction, auxquelles il joint son avis motivé.

Le Conseil d'État est alors appelé à se prononcer sur la mise en défens.

Si elle est ordonnée, c'est-à-dire si la demande de l'administration est régulière en la forme et justifiée au fond, le décret détermine la nature, la situation et les limites des terrains à interdire. Il fixe en outre la durée de la mise en défens, toujours sans qu'elle puisse excéder dix ans, et le délai pendant lequel les parties intéressées pourront procéder au règlement amiable de l'indemnité à accorder aux propriétaires pour privation de jouissance.

Ces indications sont celles que nous avons déjà trouvées dans le procès-verbal de reconnaissance des terrains dressé par les soins des agents forestiers ; elles y figurent à ce moment à l'état de propositions. Le Conseil d'État modifiera ces propositions suivant les circonstances de fait ou de droit particulières à chaque espèce, et le décret rendu, il n'y aura plus qu'à procéder dans le délai imparti, au règlement de l'indemnité due pour privation de jouissance.

L'administration dans ses offres, ou les tribunaux administratifs dans leurs décisions, devront tenir compte, pour le calcul de l'indemnité, de tous les éléments de préjudice qui résulteront pour les intéressés, de la privation de jouissance.

Il ne faut pas oublier que la loi nouvelle a voulu avant tout être une loi de justice et d'équité, elle ne peut réussir que par les sacrifices que l'État s'impose en faveur de l'intérêt général. On ne veut plus, comme autrefois, faire payer à la montagne le salut de la plaine, par suite, et tout en évitant de tomber dans une exagération qui serait également funeste, il faudra s'attacher à rembourser la perte réellement éprouvée.

La privation de jouissance pour les particuliers, la suspension du droit d'amodier les pâturages ou de les soumettre à des taxes locales pour les communes, enfin les préjudices de toute nature qui seront la conséquence de la mise en défens, devront donc entrer en compte pour le calcul de l'indemnité.

Comment est-il procédé au règlement de cette indemnité qui, d'après la loi, doit être calculée par annuités ?

La procédure à suivre est indiquée dans ses plus minutieux détails par les articles 20 et suivants du règlement d'administration publique.

Dès que le décret de mise en défens est intervenu, ampliation de ce décret est adressée par l'administration des forêts au préfet qui le fait publier et afficher dans la commune où se trouvent les terrains interdits, puis notifier aux propriétaires intéressés, mais sous forme d'extrait seulement.

L'extrait adressé à chaque propriétaire contient les indications spéciales à chaque parcelle; il fait connaître le jour initial et la durée de la mise en défens, ainsi que le délai pendant lequel il pourra être procédé au règlement amiable de l'indemnité.

Si le propriétaire et l'administration des forêts se mettent d'accord, le ministre de l'agriculture fixe définitivement le montant de l'indemnité annuelle.

Si, à l'expiration du délai fixé par le décret, l'accord ne s'est pas établi, il est procédé au règlement de l'indemnité, conformément aux prescriptions de notre article 8.

Examinons avec soin ces conditions.

En cas de désaccord sur le chiffre de l'indemnité, dit l'article 8, il sera statué par le conseil de préfecture après expertise contradictoire s'il y a lieu...

Voilà donc la juridiction compétente clairement désignée : on procédera suivant les règles habituelles, mais la loi prend soin de dire que l'expertise qu'elle prévoit n'est point obligatoire; elle ajoute qu'il pourra n'être nommé qu'un seul expert.

La décision du conseil de préfecture pourra être déférée au Conseil d'État par les parties intéressées, c'est-à-dire les propriétaires, les communes, les établissements publics, ou le ministre de l'agriculture représentant l'administration des forêts ; les agents de l'administration n'auraient pas qualité pour se pourvoir directement.

Devant le Conseil d'État, il sera procédé sans frais, dans les mêmes formes et délais qu'en matière de contributions publiques.

Il ne sera peut-être pas inutile de rappeler en

quelques mots les règles qui régissent cette matière spéciale.

En principe, les affaires portées par les particuliers et les personnes morales devant le Conseil d'État doivent être introduites par le ministère d'un avocat. Il a été dérogé à cette disposition par différentes lois, notamment en matière de contributions directes par les lois du 26 mars 1831 et du 21 avril 1832.

Cette exception s'appliquera donc, par suite de l'assimilation faite par l'article 8, aux recours formés devant le Conseil d'État contre les décisions des conseils de préfecture statuant sur le règlement des indemnités à accorder aux propriétaires pour privation de jouissance.

Ces recours ne peuvent jouir du bénéfice de la dispense du ministère d'avocat que s'ils sont déposés à la préfecture comme cela est exigé pour les contributions directes et les taxes assimilées : cette obligation doit être rigoureusement exécutée, car le pourvoi devant être formé dans un délai déterminé, si la partie se trompe en s'adressant à un intermédiaire qu'elle n'avait pas à employer, elle s'expose à n'être plus dans le délai légal pour faire statuer sur son recours.

Le pourvoi doit toujours contenir l'exposé

sommaire des faits et moyens, les conclusions, les noms et la demeure des parties.

Il est également indispensable de joindre au pourvoi la décision attaquée.

L'article 29 de la loi du 21 avril 1832 dispense les pourvois en matière de contributions directes de l'obligation d'être rédigés sur papier timbré lorsque la cote contre laquelle on réclame ne dépasse pas 30 francs. Cette dispense s'applique nécessairement, mais sous la même condition, aux demandes d'indemnité pour privation de jouissance.

Les recours doivent être formés dans le délai de trois mois à dater du jour où la décision attaquée a été notifiée.

Reprenons l'examen des règles à suivre pour le paiement de l'indemnité que nous supposons maintenant fixée, soit à l'amiable, soit par la décision définitive des tribunaux administratifs.

Cette indemnité courra à partir du jour où la mise en défens devra être appliquée.

Aucune difficulté ne peut s'élever de ce chef: d'une part, le décret doit fixer le jour initial de la mise en défens pour en déterminer exactement la durée; d'autre part, les propriétaires intéressés recevront dans la notification qui leur sera faite, par extrait de ce même décret, l'indication spéciale du point de départ de cette mise en défens.

L'indemnité se calcule d'après le montant de l'annuité fixée au prorata du nombre de mois et de jours écoulés.

L'article 21 du règlement d'administration publique, en vue d'éviter des retards toujours préjudiciables pour les intéressés comme pour l'administration elle-même, établit un mode de paiement régulier et uniforme en faveur des créanciers et stipule expressément que l'indemnité sera payée, pour chaque année écoulée, dans le courant du mois de janvier de l'année suivante.

Le dernier paragraphe de l'article 8 prévoit le cas où l'État, à l'expiration du délai de dix ans, voudrait maintenir la mise en défens. Il est alors tenu d'acquérir les terrains, à l'amiable ou par expropriation, s'il en est requis par les propriétaires.

Dans cette hypothèse, l'administration des forêts doit notifier sa décision aux propriétaires intéressés avant la fin de la dernière année, pour que ceux-ci ne soient pas pris au dépourvu.

Cette notification faite, les propriétaires doivent informer l'administration, dans le délai d'un mois, de leur intention de requérir l'acquisition de leurs terrains.

Si l'accord s'établit, le contrat est passé dans les formes et conditions prévues par les articles 19, 56, 58 et 59 de la loi du 3 mai 1841. A défaut d'entente, il est procédé à l'acquisition des terrains par voie d'expropriation et conformément aux dispositions du paragraphe Ier de l'article 4 de la loi du 4 avril 1882.

Enfin, si le délai fixé par le décret prononçant la mise en défens était inférieur à dix ans et si l'administration des forêts croyait nécessaire de maintenir l'interdiction jusqu'au maximum du délai qui lui est accordé par la loi, elle devrait notifier sa décision aux propriétaires avant la fin de la dernière année du délai fixé par le décret qui aurait prononcé cette mise en défens.

L'administration serait naturellement obligée de recourir à un nouveau décret pour obtenir la prolongation de la mise en défens jusqu'à l'expiration du délai de dix ans, époque à laquelle commence seulement pour elle l'obligation d'acquérir les terrains sur lesquels elle voudrait maintenir l'interdiction.

Art. 9.

L'indemnité annuelle sera versée à la caisse municipale.

La somme représentant la perte éprouvée par les communes à raison de la suspension de l'exercice de leur droit d'amodier les pâturages ou de les soumettre à des taxes locales, sera affectée aux besoins communaux, et le surplus et même le tout, s'il y a lieu, sera distribué aux habitants par les soins du conseil municipal.

Dans le projet adopté par la Chambre des députés le 29 juillet 1881, l'indemnité annuelle versée à la caisse municipale était divisée en deux parts : l'une représentant la perte éprouvée par les communes en raison de la suspension de l'exercice de leur droit d'amodier les pâturages, était affectée aux besoins communaux ; l'autre était distribuée aux habitants par les soins du conseil municipal.

Cette disposition n'a pas été maintenue par le Sénat : la division de l'indemnité en deux parts, dit l'honorable M. Michel, dans son rapport annexé au procès-verbal de la séance du 20 mars 1882, pouvait préjudicier au budget de la commune, si la mise en défens n'imposait des privations qu'à elle. Pour obvier à ce danger, la disposition de l'article 9 a été modifiée en ce sens que la commune pourra toujours prélever sur cette indemnité, pour l'affecter à ses besoins, la somme représentant la perte qu'elle éprouve et que le surplus seulement sera distribué aux habitants par les soins du conseil municipal.

Cette mission appartenait tout naturellement au conseil municipal, chargé par l'article 17 de la loi de 1837 de régler le mode de jouissance et la répartition des pâturages et fruits communaux.

L'honorable M. Maigne résume ainsi dans son rapport les différentes hypothèses qui peuvent se présenter :

Ou la commune afferme ses pâturages et verse dans la caisse communale le prix de la ferme ;

Ou elle laisse ses habitants conduire leurs bestiaux dans ses pâturages, moyennant une taxe plus ou moins légère ; ou enfin chaque famille de la commune fait pacager gratuitement son bétail sur les pâturages communaux.

Dans le premier cas, c'est la caisse communale qui est lésée par la mise en défens, et il est juste, étant admis son droit d'affermer, qu'elle touche l'indemnité.

Dans le second cas, deux parts sont faites dans l'indemnité payée par l'État; l'une qui représente la somme des taxes perçues par la caisse communale, l'autre qui représente le dommage souffert par chaque famille en raison de l'interdit des pâturages. La première de ces parts revient de droit à la caisse communale, la seconde est distribuée aux habitants.

Lorsque chaque famille de la commune fait pacager gratuitement son bétail sur les pâturages communaux, l'indemnité entière est distribuée aux habitants, car alors c'est sur eux tous que porte la privation de l'exercice du droit de pâturage.

Nous avons tenu à reproduire cette explication de l'article 9, malgré la modification introduite dans son texte par le Sénat, cette modification ne changeant pas l'esprit général qui a inspiré cet article, dont nous approuvons sans hésiter les dispositions équitables.

Nous ne saurions trop recommander encore à l'administration forestière de bien se pénétrer, dans la fixation du chiffre des indemnités, des intentions du législateur.

Le succès de la loi nouvelle pourrait être

compromis si elle devait avoir pour conséquence d'aggraver les charges déjà si lourdes qui pèsent sur les populations de nos montagnes.

ART. 10.

Pendant la durée de la mise en défens, l'État pourra exécuter sur les terrains interdits, tels travaux que bon lui semblera, pour parvenir plus rapidement à la consolidation du sol, pourvu que ces travaux n'en changent pas la nature, et sans qu'une indemnité quelconque puisse être exigée du propriétaire, à raison des améliorations que ces travaux auraient procurés à sa propriété.

La faculté donnée à l'État s'explique par l'intérêt qu'il y a pour tous à assurer le plus rapidement possible la consolidation du sol.

La restriction apportée à cette faculté n'est que la conséquence de la dépossession temporaire imposée aux propriétaires. Si les travaux exécutés devaient changer la nature du sol, ce ne serait plus l'exécution pure et simple de la mesure prévue par notre chapitre, qui, il ne faut pas l'oublier, ne règle que la mise en défens.

On se rappelle que les travaux dont il s'agit

ne sont pas préalablement indiqués aux propriétaires et ne font pas l'objet d'un avant-projet ; il n'est pas douteux pour nous que si ces travaux changeaient la nature du sol, le propriétaire serait en droit de requérir l'acquisition de son terrain, exactement comme dans le cas où l'État voudrait maintenir la mise en défens à l'expiration du délai de dix ans.

ART. 11.

Les délits commis sur les terrains mis en défens, seront constatés et poursuivis comme ceux commis dans les bois soumis au régime forestier. Il sera procédé à l'exécution des jugements conformément aux articles 209, 211, 212 et aux paragraphes 1er et 2 de l'article 210 du Code forestier.

Cet article reproduit en partie les dispositions de l'article 11 de la loi du 28 juillet 1860, qui avait déjà assimilé aux délits forestiers les délits constatés dans l'étendue des périmètres de reboisement, fixés par les décrets. Il ne s'agit, dans l'article 11 de la loi de 1882, que des délits commis sur les terrains mis en défens, et nous avons démontré, en terminant l'examen du titre premier, qu'il n'était pas possible de se prévaloir des dispositions très précises de cet article pour poursuivre la répression des délits commis sur les terrains compris dans les périmètres fixés par la loi.

Nous ne reviendrons donc pas sur les explications que nous avons déjà données. Nous ne croyons pas non plus nécessaire d'exposer la législation relative à la poursuite des délits commis dans les bois soumis au régime forestier et à l'exécution des jugements rendus en cette matière.

On sait que l'administration forestière est chargée, tant dans l'intérêt de l'État que dans celui des autres propriétaires de bois soumis au régime forestier, des poursuites en réparation des délits et contraventions commis dans ces bois, que les actions sont exercées par les agents forestiers, au nom de l'administration, sans préjudice du droit qui appartient au ministère public ; toutes les règles relatives à la constatation, à la poursuite et à la répression de ces délits et contraventions s'appliqueront donc aux délits commis sur les terrains mis en défens. Dans notre pensée, le mot « délits » comprend également les contraventions constatées sur ces terrains. L'assimilation faite par la loi, de ces terrains à ceux qui sont soumis au régime forestier, ne permet pas de doute, surtout en présence du renvoi de l'article 11, pour ce qui concerne l'exécution des jugements, aux articles 209, 211, 212 et aux paragraphes 1 et 2 de l'article 210 du code forestier, qui s'appliquent tous également à l'exécution des jugements concernant les délits et contraventions commis dans les bois soumis au régime forestier.

CHAPITRE II.

DE LA RÉGLEMENTATION DES PATURAGES COMMUNAUX.

Art. 12.

Dans l'année qui suivra la promulgation de la présente loi, et à l'avenir, avant le 1er janvier de chaque année, les communes dont les noms seront inscrits au tableau annexé au règlement d'administration publique, prévu par l'article 23, devront transmettre au préfet du département un règlement indiquant la nature et les limites des terrains communaux soumis au pacage, les diverses espèces de bestiaux et le nombre des têtes à y introduire, l'époque du commencement et de la fin du pâturage, ainsi que les autres conditions relatives à son exercice.

Ainsi que nous l'avons expliqué précédemment, le chapitre II du titre II de notre loi, a pour but d'empêcher par une réglementation précise, les abus de la dépaissance qui ont causé tant de mal. Les auteurs de la loi du 4 avril 1882 espèrent qu'en donnant au conseil municipal le droit de préparer le règlement fixant les conditions du pâturage dans la commune, on apaisera les résistances que les populations pastorales avaient opposées, quand il s'était agi d'appliquer l'ancienne législation.

L'article 12 laisse donc l'initiative du règlement au conseil municipal.

En exécution de cet article, dans l'année qui suivra la promulgation de la loi, et à l'avenir avant le 1er janvier de chaque année, les communes dont les noms seront inscrits au tableau annexé au règlement d'administration publique, devront transmettre au préfet le règlement qu'elles sont chargées de rédiger, relativement à l'exercice du pacage sur les terrains communaux. Par suite, seront seules soumises à la règlementation des pâturages, les communes mentionnées au tableau qui a été dressé conformément aux prescriptions de la loi. Mais ce tableau est forcément incomplet : d'autre part, on doit prévoir qu'il sera nécessaire d'y apporter des modifications lorsqu'elles seront justifiées par les circonstances ; on a donc été amené à admettre que le tableau pourrait être l'objet d'une révision ; les modifications qu'il conviendra d'y apporter, ne pourront être faites qu'en vertu d'un décret rendu dans la forme des règlements d'administration publique, c'est-à-dire, avec les mêmes garanties que celles que la loi a exigées pour l'établissement du premier tableau.

D'autre part, comme il est absolument nécessaire de protéger les territoires des communes dans lesquelles des périmètres de restauration obligatoire ont été établis par des lois, le règlement d'administration publique exige l'inscription de ces communes sur le tableau prévu par l'article 12 : elles se trouveront donc, par suite, de même que les communes sur lesquelles il n'y aura que des périmètres de mise en défens, assujetties à la réglementation du pâturage pour leurs terrains communaux.

Le tableau dressé est notifié à chaque commune intéressée par le préfet, au moyen d'un extrait qui ne contient que ce qui est relatif à la commune : les modifications apportées au tableau, doivent être arrêtées au plus tard le 1er octobre de chaque année : elles sont proposées par l'administration des forêts, et en cas d'approbation, elles sont consacrées, comme nous l'avons dit, par un décret rendu dans la forme des règlements d'administration publique. Ce décret n'interviendra évidemment qu'après une instruction préalable dans laquelle les communes intéressées auront été mises à même de fournir leurs observations.

Dans le délai d'un mois, les modifications introduites dans la liste, sont notifiées comme nous l'avons indiqué ci-dessus pour le tableau.

L'article 12 mentionne les points principaux sur lesquels doit porter le règlement qu'il prescrit.

L'article 24 du règlement d'administration publique a complété cette énumération sommaire.

Avant le 1er janvier de chaque année, le maire de toute commune assujettie à la réglementation du pâturage, fait parvenir au préfet, en double minute, le projet de règlement pour l'exercice du pâturage sur les terrains appartenant à la commune et situés, soit sur son territoire, soit sur celui d'une autre commune.

Ce projet indique notamment :

La nature, les limites et la superficie totale des terrains communaux soumis au pâturage ; les limites, l'étendue des cantons qu'il y a lieu d'ouvrir aux troupeaux dans le cours de l'année ; les chemins par lesquels les bestiaux doivent passer pour aller au pâturage ou au pacage et en revenir ; les diverses espèces de bestiaux et le nombre de têtes qu'il convient d'y introduire ; l'époque à laquelle commence et finit l'exercice du pâturage suivant les cantons et la catégorie des bestiaux; la désignation du pâtre ou des pâtres communs choisis par l'autorité municipale, pour conduire le troupeau de chaque commune ou section de commune; et toutes autres conditions d'ordre et de police relatives à l'exercice du pâturage.

Ces indications sont énonciatives ainsi que cela résulte du mot « notamment » employé par le règlement d'administration publique et du paragraphe ainsi conçu : « Et toutes autres conditions d'ordre et de police relatives à l'exercice du pâturage. »

Cette dernière restriction est trop naturelle pour qu'il soit nécessaire d'insister.

La plupart de ces conditions, justifiées par l'expérience, sont imposées par le Code forestier pour le pâturage dans les forêts.

Le préfet communique immédiatement le projet de règlement émané du conseil municipal au conservateur des forêts qui devra, dans le plus bref délai, faire connaître son approbation ou présenter les observations qu'il jugera utiles.

Le règlement d'administration publique soumet aux mêmes formalités les projets de cahier des charges et de baux concernant les pâturages communaux : leur assimilation au projet de règlement s'imposait comme une nécessité si l'on voulait éviter à l'avenir les abus de jouissance des locataires, abus qui ont été une des principales causes de la dévastation des terrains en montagne.

Mais le règlement émané du conseil municipal n'est pas seulement communiqué à l'administration des forêts, il doit être également porté à la connaissance des tiers ; l'article 25 du règlement d'administration publique exige qu'il soit publié et affiché dans la commune.

Les intéressés peuvent adresser leurs réclamations au préfet dans le mois qui suivra cette publication constatée par un certificat du maire.

Nous allons voir, en examinant les articles qui suivent, les divers incidents qui peuvent se présenter à l'occasion de la préparation du règlement du pâturage.

Art. 13.

Si, à l'expiration du délai fixé par l'article précédent, les communes n'ont pas soumis à l'approbation du préfet le projet de règlement prescrit par le même article, il y sera pourvu d'office par le préfet, après avis d'une Commission spéciale, composée du secrétaire général ou du

sous-préfet, président, d'un conseiller général et du plus âgé des conseillers d'arrondissement du canton, d'un délégué du conseil municipal de la commune et de l'agent forestier.

Il en sera de même dans les cas où les communes n'auraient pas consenti à modifier le règlement proposé par elles, conformément aux observations de l'administration.

Art. 14.

Les règlements mentionnés à l'article 13 ci-dessus seront rendus exécutoires par le préfet si, dans le mois qui suivra l'accusé de réception de la délibération du conseil municipal, ils n'ont donné lieu à aucune contestation.

Nous réunissons, pour les étudier ensemble, les articles 13 et 14 de la loi ; ces articles se ressentent malheureusement des conditions fâcheuses dans lesquelles les textes ont été définitivement arrêtés, et ils présentent certaines difficultés qui nécessitent quelques explications.

En vertu de l'article 12, le conseil municipal a l'initiative du règlement sur l'exercice du pâturage dans la commune.

L'article 13 prévoit deux cas dans lesquels

l'administration devra intervenir : la négligence du conseil municipal qui aura laissé expirer le délai fixé par l'article précédent, ou le refus par les communes, c'est-à-dire par le conseil municipal, de modifier le règlement qu'il a présenté, dans un sens conforme aux observations de l'administration.

Dans le premier cas, le préfet est chargé de faire le règlement au lieu et place du conseil municipal.

Il en est encore de même dans le second cas; la délégation de la loi est générale; par suite, si les modifications demandées bouleversent complètement le projet préparé par le conseil municipal, le droit du préfet ne se borne pas seulement à l'insertion de ces modifications dans le règlement; le refus du conseil municipal lui permet de pourvoir d'office à la préparation du règlement tout entier.

Dans les deux cas, le préfet devra s'entourer de l'avis de la Commission spéciale composée comme il est dit à l'article 13.

La loi et le règlement d'administration publique ne contiennent rien sur l'organisation et le fonctionnement de cette Commission; cependant quelques mots d'explication n'auraient pas été inutiles.

Par analogie avec ce qui a été décidé pour la Commission spéciale prévue par l'article 2 de notre loi, nous pensons que la Commission créée par l'article 13 pourra se réunir au lieu indiqué par un arrêté de convocation pris par le préfet.

Nous estimons, en outre, que le conseiller général et le délégué du conseil municipal doivent être élus dans les conditions indiquées par les articles 4 et 5 du règlement d'administration publique, sauf en ce qui a trait à l'intérêt personnel des membres nommés, enfin que l'agent forestier doit être désigné par le préfet.

Quant au conseiller d'arrondissement, il n'est pas possible de le faire élire, la loi exigeant, pour prévenir une difficulté, dans le cas où il y aurait deux conseillers d'arrondissement dans le canton, que le délégué soit le doyen d'âge.

On comprend d'ailleurs qu'il ne peut être question, pour la composition de la Commission, de choisir ses membres parmi des personnes non propriétaires dans la commune, la loi ne l'ayant pas imposé et ayant, au contraire, prescrit la nomination d'un membre qui pourra peut-être réunir, à la condition d'âge exigée, la qualité de propriétaire dans la commune intéressée.

Nous ne pensons pas qu'il puisse venir à la pensée de personne de soutenir que la Commission peut être nommée par le préfet; cette interprétation supprimerait, en effet, toutes les garanties dont la loi a voulu entourer les communes, elle ne s'expliquerait pas avec la désignation d'un conseiller d'arrondissement choisi à raison de son âge ; elle serait enfin contraire à l'intention formelle du législateur, qui, là encore, a voulu introduire un délégué du conseil municipal ; or, si le préfet nommait les membres de la Commission, il n'y aurait plus de délégation donnée par le conseil municipal de la commune; cette interprétation nous paraît absolument conforme à l'esprit de la loi.

Voilà donc le règlement préparé ou modifié par le préfet : voyons maintenant dans quelles conditions il pourra être appliqué.

Ici, nouvelle et sérieuse difficulté : l'article 14, qui semble donner la réponse, est évidemment le résultat d'une erreur.

Que dit, en effet, cet article?

« Les règlements mentionnés à l'article 13 ci-dessus seront rendus exécutoires par le préfet, si dans le mois qui suivra l'accusé de réception de la délibération du conseil municipal, il n'ont donné lieu à aucune contestation. »

De quelle délibération peut-il bien être question?

L'article 13 ne prévoit que deux cas : la négligence du conseil municipal ou son refus d'accepter les modifications proposées.

Dans le premier cas, il n'y a pas de délibération.

Dans le second, le conseil refuse de modifier le règlement qu'il a préparé; par suite, s'il prend une nouvelle délibération pour refuser la modification demandée, on ne se trouve pas dans le cas de l'article 14, puisque le règlement ne devient exécutoire que s'il n'a donné lieu à aucune contestation, et que la plus grave contestation que le règlement puisse provoquer est assurément celle qui s'élèvera entre l'administration et la commune.

L'article 14 ne contiendrait-il pas une grosse erreur et n'aurait-il pas dit : « Les règlements mentionnés à l'article 13 », quand il voulait parler des règlements prévus par l'article 12?

Ce point est assez important pour que nous recherchions dans les travaux préparatoires le sens et la portée de cette partie de notre loi.

Lors de la première discussion au Sénat,

l'article 14 du projet établissait le principe du règlement que les communes étaient chargées de faire, et il n'était question dans cet article que de ce règlement, prévu maintenant par l'article 12.

L'article 15 ajoutait : « Ces règlements, s'ils ne donnent lieu à aucune contestation, dans le mois de la date du récépissé de la délibération du conseil municipal, seront rendus exécutoires par le préfet. »

Venait ensuite l'article 16, relatif aux contraventions aux règlements de pâturage; puis l'article 17, prévoyant deux cas de négligence ou de mauvais vouloir de la part du conseil municipal, chargeait le préfet de pourvoir à ces deux hypothèses.

Au moment de la discussion de cet article 14, l'administration ayant fait observer qu'elle n'était pas en mesure de donner le tableau des communes dont les noms devaient alors être inscrits dans la loi, il fut décidé que ce tableau serait annexé au règlement d'administration publique, et l'ensemble de ces articles fut voté sans autre débat.

Il en fut ainsi lors de la seconde délibération.

Dans ce système, l'article 15 ne s'appliquait

qu'au règlement délibéré par le conseil municipal, et l'article 17 ne contenait rien sur l'exécution des règlements établis ou modifiés par le préfet.

C'était donc le droit commun qui réglait cette matière, c'est-à-dire que, comme les arrêtés préfectoraux ordinaires, ces règlements ne pouvaient devenir exécutoires qu'après leur publication régulière.

Mais on se rappelle que le Gouvernement ne se borna pas à présenter aux Chambres le projet adopté par le Sénat et qu'il leur soumit en même temps le projet qui avait ses préférences et qu'il avait également envoyé au Sénat le 26 mai 1879.

Dans ce projet encore, le règlement confié aux communes était distinct des règlements que le préfet était, suivant les cas, chargé d'établir ou de modifier et dont aucune disposition ne réglait la force exécutoire.

C'est dans cette situation que la Chambre fut appelée à délibérer sur les articles dont nous nous occupons.

Dans le projet qui lui fut présenté par sa Commission, ces articles avaient les numéros qu'ils ont conservés depuis, et formaient ainsi les numéros 12, 13, 14 et 15, mais dans le travail de la Commission, une transposition avait eu lieu.

L'article 12 charge le conseil municipal du soin de faire le règlement dont il s'agit ; on ne dit plus immédiatement, comme dans le projet du Sénat, comment ce règlement deviendra exécutoire.

On pourvoit dans l'article 13 aux deux hypothèses défavorables qui peuvent se présenter : quant à l'article 14, qui n'est que la reproduction de l'ancien article 15, voté par le Sénat, il est placé et rédigé de telle sorte qu'il semble s'appliquer aux hypothèses prévues par l'article 13.

Or, cette interprétation est impossible à admettre : elle est contraire aux principes généraux en matière d'exécution d'arrêtés préfectoraux : elle supprimerait précisément pour les règlements préparés d'office une notification plus que jamais indispensable ; nulle part, cette dérogation n'a été expliquée ; d'ailleurs, si l'article 14 s'appliquait aux deux cas de l'article 13 — le règlement prévu par l'article 12 étant en dehors, puisqu'il n'en est plus question dans l'article 13 — la rédaction de cet article 14 serait inintelligible.

Nous nous sommes, en effet, déjà demandé ce

que voudraient dire ces mots : « les règlements mentionnés en l'article 13 ci-dessus seront rendus exécutoires si, dans le mois qui suivra l'accusé de réception de la délibération du conseil municipal, ils n'ont donné lieu à aucune contestation. » Nous savons que dans les deux hypothèses prévues, il n'y a pas de délibération et qu'il y a conflit ; donc l'erreur est évidente, certaine : le règlement d'administration publique n'a pu la corriger, il a tout au moins essayé de compléter et d'améliorer cette partie de la loi. Pour expliquer et redresser cette erreur dans la limite de ce qui était possible, il s'est borné à statuer sur la disposition à prendre relativement au règlement prévu par l'article 12. Nous l'avons déjà dit à propos de l'article 13, tout en chargeant le conseil municipal de faire le règlement, la loi prévoit qu'il pourra s'élever des contestations de la part des intéressés. Le règlement d'administration publique assure donc d'abord aux tiers, par son article 25, le moyen de faire valoir leurs droits dans le délai qui leur est imparti. A l'expiration de ce délai, s'il n'y a pas de contestation, le règlement devient exécutoire.

Dans cette hypothèse, l'article 26 du règlement d'administration publique dispose que les deux minutes mentionnées en l'article 24, et transmises par le maire, sont visées par le préfet qui retourne l'une de ces minutes à la commune et remet l'autre au conservateur des forêts.

En ce qui concerne les règlements établis ou modifiés par le préfet, le règlement d'administration publique n'avait pas à s'en occuper, car la forme dans laquelle ils interviennent est nettement établie par l'article 13 de la loi. Nous nous sommes expliqué à cet égard en parlant de l'organisation et du fonctionnement de la Commission spéciale prévue par cet article.

Mais comment ces derniers règlements deviendront-ils exécutoires?

Nous ne retiendrons de l'article 14, pour répondre à cette question, que ces mots qui nous suffisent et qui sont d'ailleurs conformes aux règles générales : « ils seront rendus exécutoires par le préfet, » et nous laisserons de côté le délai d'un mois ainsi que l'hypothèse de l'absence de contestation qui ne peut s'appliquer aux règlements dont nous parlons; ceux-ci constituent en réalité des arrêtés préfectoraux soumis au droit commun en vertu même de notre loi. Ils seront donc rendus exécutoires par le préfet et le règlement d'administration publique se borne à ajouter, conformément aux principes généraux, qu'ils ne deviennent exécutoires qu'après leur notification au maire de la commune intéressée.

Il est bien évident que les règlements établis ou modifiés par le préfet, ne sont faits que sous la réserve des droits des tiers : par suite, c'est encore en se reportant aux règles du droit commun en cette matière, que devront être jugées les contestations qu'ils soulèveront et les recours dont ils pourront être l'objet.

Art. 15.

Les contraventions aux règlements de pâturage intervenus dans les conditions fixées par les articles ci-dessus, seront constatées et poursuivies dans les formes prescrites par les articles 137 et suivants du Code d'instruction criminelle, et, au besoin, par tous les officiers de police judiciaire.

Les contrevenants seront passibles des peines portées par les articles 471 du Code pénal, et 474 en cas de récidive, modifiées, s'il y a lieu, par l'application de l'article 463.

Tandis que les infractions commises sur les terrains mis en défens constituent des délits assimilés aux délits forestiers, les infractions aux règlements de pâturage ne sont considérées par la loi que comme des contraventions de simple police.

Il résulte d'abord du texte même de l'article 15, que si les règlements de pâturage n'étaient pas intervenus dans les conditions fixées par les articles 12, 13 et 14, les infractions à ces règlements, ne constitueraient pas une contravention punissable.

Il appartiendra donc au juge de simple police d'examiner la légalité du règlement avant de statuer au fond, si cette légalité est contestée devant lui : c'est là, d'ailleurs, une application du principe général écrit dans le paragraphe 15 de l'article 471 du Code pénal, et qui fait du juge de l'infraction le juge de la légalité du texte en vertu duquel la poursuite est intentée.

D'après l'article 15, les contraventions seront constatées et poursuivies dans les formes prescrites par les articles 137 et suivants du Code d'instruction criminelle.

Il y aura donc à observer tant pour leur constatation que pour leur poursuite les règles établies par ce Code ; les dispositions relatives à la rédaction des procès-verbaux ou à leur remise s'appliquent par suite, en cette matière, comme les autres dispositions réglant les délais, la procédure et la compétence.

Mais notre article ne se borne pas à dire que les contraventions seront constatées et poursuivies dans les formes prescrites par le Code d'instruction criminelle, il ajoute : « et au besoin par tous les officiers de police judiciaire. »

Nous ne comprenons pas trop ce que le législateur a voulu dire : nous voyons bien qu'il a voulu donner à tous les officiers de police judiciaire, au besoin, le droit de constater les contraventions bien spéciales pourtant, dont nous nous occupons.

Mais le droit de constater une infraction n'implique pas le droit d'en poursuivre la répression ; l'exercice de l'action publique est confié à certaines autorités et n'a jamais été étendu à l'ensemble des officiers de police judiciaire.

Comment admettre une pareille innovation que rien n'explique, ni les rapports, ni les exposés des motifs, ni la discussion ?

Et cependant, comment contester le droit de poursuivre les contraventions aux règlements de pâturage, à tous les officiers de police judiciaire, en présence d'un texte aussi précis : « les contraventions seront constatées et poursuivies dans les formes prescrites par les articles 137 et suivants du Code d'instruction criminelle, et au besoin, par tous les officiers de police judiciaire. »

Sur ce point encore, la jurisprudence sera appelée à interpréter la loi et à en préciser la portée. Dans notre opinion, l'article 15 doit s'entendre en ce sens qu'il ne déroge pas au droit commun pour l'exercice de l'action publique.

La constatation sera faite dans les formes établies par le Code d'instruction criminelle, les contraventions pourront être recherchées non seulement par les agents de l'administration des forêts, mais au besoin par tous les officiers de police judiciaire et non pas exclusivement par ceux qui sont chargés de rechercher et de constater les délits ruraux, comme on l'a admis dans le nouvel article 188 du Code forestier, pour la poursuite des délits et contraventions commis dans les bois non soumis au régime forestier.

Mais le procès-verbal dressé, il ne s'ensuit pas que le droit de poursuivre la répression appartienne à ces agents. Les règles relatives à la transmission des procès-verbaux, à la suite qu'il convient de leur donner, à l'exercice de l'action publique, ne cessent pas d'être applicables et, une rédaction mauvaise que rien n'explique,

que rien ne justifie, ne peut apporter dans la législation générale un pareil trouble et un pareil bouleversement.

En résumé, dans le cas prévu par l'article 15 on ne se trouve plus en matière forestière. Il ne s'agit plus que de contraventions de simple police commises sur des terrains non soumis au régime forestier et pour la répression desquelles l'administration des forêts n'a même plus, concurremment avec le ministère public, l'exercice de l'action publique. Ces infractions ne peuvent être poursuivies que par le ministère public, elles ne rentrent à aucun titre dans la classe des délits et des contraventions qu'indique l'article 159 du Code forestier. Comment admettre, dès lors, que les officiers de police judiciaire pourraient exercer une action publique, que les agents de l'administration forestière, qui ne seraient pas officiers de police judiciaire, ne pourraient même pas exercer?

On a voulu dire probablement que tous les officiers de police judiciaire étaient chargés de constater et de rechercher les contraventions aux règlements de pâturage : le mot : « poursuivies » employé par notre article, ne peut leur donner un autre droit.

Le législateur qui a oublié d'édicter une sanction pour les infractions qui pourront être commises sur les terrains compris dans les périmètres de restauration, qui s'est borné à une simple référence au Code forestier pour les délits commis sur les terrains mis en défens, a été mal inspiré dans la rédaction de l'article 15, et une sage interprétation de cet article lui donnera bientôt, nous l'espérons, le sens et la portée qui lui conviennent.

Nous n'avons rien à ajouter au texte de la loi en ce qui concerne l'application des peines, et l'admission des circonstances atténuantes.

TITRE III.

DISPOSITIONS TRANSITOIRES.

Art. 16.

Les lois du 28 juillet 1860 et du 8 juin 1864 sont abrogées :

Toutefois, les périmètres décrétés jusqu'à ce jour, sont provisoirement maintenus.

Ils seront revisés dans les trois ans à partir de la promulgation de la présente loi.

Pendant ce délai, l'administration des forêts devra notifier aux propriétaires la liste des parcelles qu'elle se propose d'acquérir pour en former de nouveaux périmètres.

Les sommes représentant, dans les règlements à intervenir, le prix desdites parcelles, porteront intérêt au taux légal, au profit des propriétaires, à partir de l'expiration du délai de trois ans ci-dessus mentionné.

Art. 17.

A l'expiration de ce délai, les communes, les établissements publics et les particuliers rentreront dans la pleine propriété et jouissance des parcelles qui ne figureront pas sur cette liste. Ils ne pourront en être dépossédés de nouveau qu'après l'accomplissement des formalités prescrites par la présente loi.

Le premier paragraphe de l'article 16 abroge les lois du 28 juillet 1860 et du 8 juin 1864. Mais comme le passage de l'ancienne à la nouvelle législation ne pouvait se faire immédiatement, une mesure transitoire était nécessaire : par le paragraphe 2 de notre article, les périmètres décrétés jusqu'au jour de la promulgation de la loi de 1882, sont maintenus, sous la condition expresse qu'ils seront revisés dans un délai de trois ans à partir de cette promulgation.

L'article 16 a posé le principe de la révision des anciens périmètres et en a limité la durée.

Le règlement d'administration publique trace avec précision les différentes opérations auxquelles la révision pourra donner lieu.

Les agents forestiers sont chargés d'effectuer cette révision ; elle est constatée par un procès-verbal.

Les terrains constituant les anciens périmètres sont divisés en trois catégories :

1° Terrains dont la restauration est reconnue

nécessaire, et qu'il y a lieu d'acquérir pour en former de nouveaux périmètres;

2e Terrains qu'il convient de rendre à la libre jouissance des ayants droit;

3o Terrains boisés ou partiellement boisés, appartenant aux communes ou aux établissements publics et qui doivent être maintenus sous le régime forestier, conformément aux dispositions de l'article 90 du Code forestier.

Un mot sur chacune de ces catégories:

Bien que l'article 16 de la loi et l'article 27 du règlement d'administration publique ne le disent pas expressément, les terrains classés dans la première catégorie, c'est-à-dire ceux que l'État jugera nécessaire d'acquérir pour en former de nouveaux périmètres, ne pourront être compris dans ces périmètres qu'autant que leur restauration sera rendue nécessaire par la dégradation du sol et des dangers nés et actuels.

Il n'est pas possible, en effet, d'admettre que la révision des anciens périmètres décrétés sous l'empire d'une législation toute différente, puisse être faite dans d'autres conditions que celles qui ont été imposées par le législateur de 1882 et dans un esprit opposé à celui qui a inspiré la loi tout entière.

L'administration des forêts ne pourra donc

maintenir dans les nouveaux périmètres qu'elle formera que les terrains auxquels s'appliqueront les dispositions protectrices de l'article 2.

Si les agents forestiers, en opérant la révision des périmètres décrétés antérieurement au 4 avril 1882, comprenaient dans leur travail des terrains dont la restauration ne serait pas rendue nécessaire par la dégradation du sol et des dangers nés et actuels, les propriétaires auraient incontestablement le droit de déférer au Conseil d'État, pour excès de pouvoir ou violation de la loi, la décision du Ministre approuvant ce travail.

Nous disons la décision du Ministre, parce que, malgré le silence de la loi et du règlement sur ce point, une décision ministérielle est nécessaire s'il y a opposition de la part des propriétaires; nous reviendrons bientôt sur cet ordre d'idées.

Le procès-verbal dressé par les agents forestiers indique, pour chaque parcelle de terrain, le numéro du plan cadastral, la contenance et le nom du propriétaire, tel qu'il est désigné à la matrice des rôles. Il est accompagné d'un plan des lieux dressé d'après le cadastre.

Aux termes de l'article 29 du règlement d'administration publique, le procès-verbal de révision est approuvé par le directeur des forêts, transmis au préfet et notifié par extrait à chaque propriétaire intéressé. Un duplicata de ce plan est déposé à la mairie de la commune sur le territoire de laquelle sont situées les parcelles que l'administration se propose d'acquérir.

Cette notification a pour but d'appeler l'attention des propriétaires et de les mettre à même de faire valoir leurs droits.

Si l'article 16 n'exige de la part de l'administration des forêts qu'une notification aux propriétaires, si le règlement ne semble demander qu'une approbation du procès-verbal de révision par le chef de l'administration des forêts, il n'en est pas moins vrai que l'opposition des tiers rendra immédiatement nécessaire l'intervention du Ministre, et qu'en cas de contestation, la révision ne pourra être soumise au juge compétent qu'après que le Ministre aura déclaré se l'approprier.

Si, en effet, la loi et le règlement n'exigent pas d'autres formalités pour le maintien des terrains dans les nouveaux périmètres, que la révision et son approbation par le directeur des forêts, c'est parce que ces terrains ont été antérieurement l'objet d'un décret rendu sous l'empire de l'ancienne législation et que la propriété n'est plus entière entre les mains des propriétaires ; dès lors, il n'était pas nécessaire pour les conserver dans les nouveaux périmètres, de recourir soit à une loi, soit à un décret. Mais, comme le maintien des parcelles dans les périmètres à former aura pour conséquence d'obliger l'État à acquérir ces terrains, le Ministre seul aura qualité pour prendre la décision qui engagera les finances de l'État. Cette décision sera surtout indispensable lorsque la notification de la révision approuvée par le directeur des forêts soulèvera des oppositions. Il sera donc beaucoup plus prudent de la faire intervenir dès le début, afin de donner aux propositions de l'administration une autorité et un caractère définitifs.

C'est à la suite de cette notification que pourra s'ouvrir, le cas échéant, dans les formes et dans les délais ordinaires, la voie de recours dont nous avons déjà parlé.

Nous n'avons rien à ajouter à la disposition de l'article 16 relative aux intérêts du prix des parcelles maintenues dans les nouveaux périmètres : elle est tout en faveur des propriétaires et oblige moralement l'administration des forêts à prendre le plus promptement possible une résolution définitive à l'égard de ces parcelles.

Revenons maintenant à la deuxième catégorie des terrains qui feront l'objet de la révision : il s'agit ici des parcelles qu'il convient de rendre à la libre jouissance des ayants droit.

L'article 17 de la loi ordonne qu'à l'expiration du délai de trois ans accordé pour la révision, les communes, les établissements publics et les particuliers rentreront dans la pleine propriété et jouissance des parcelles qui ne figureront pas sur la liste dressée par l'administration : ils ne pourront en être dépossédés de nouveau que dans les conditions indiquées par la loi de 1882.

Quant à la troisième catégorie, elle comprend les terrains boisés ou partiellement boisés appartenant aux communes ou aux établissements publics.

Ces terrains sont maintenus sous le régime forestier, conformément aux dispositions de l'article 90 du Code forestier : l'article 21 du décret du 10 novembre 1864 les y avait également soumis.

Art. 18.

Dans les cinq ans, à partir de la promulgation de la présente loi, l'administration devra traiter avec les communes, les établissements publics et les particuliers, pour l'acquisition des parcelles maintenues dans les périmètres de gazonnement et de reboisement.

Art. 19.

Si les propriétaires des parcelles que l'État se propose d'acquérir n'acceptent pas les prix qui leur seront offerts, il sera procédé ainsi qu'il est prescrit par le premier paragraphe de l'article 4 de la présente loi.

Les articles 18 et 19 n'offrent aucune difficulté.

Nous nous trouvons ici en présence de périmètres revisés : les parcelles maintenues et servant à former de nouveaux périmètres ont déjà été l'objet de travaux de restauration achevés ou entrepris avec ou sans le concours de l'État, ou même d'office par ce dernier, conformément aux dispositions de la la loi de 1860.

L'article 18 impose à l'administration l'obligation d'acheter ces parcelles, dans un délai de cinq ans à partir de la promulgation de la loi nouvelle. Si les propriétaires n'acceptent pas les prix qui leur sont offerts, dit l'article 19, il est procédé ainsi qu'il est prescrit par le premier paragraphe de l'article 4 de la loi de 1882.

Il est évident que la rédaction de l'article 19 est mauvaise : le premier paragraphe de l'article 4, qui impose à l'État l'obligation d'acquérir, dans les périmètres fixés par la loi, les terrains reconnus nécessaires aux travaux de restauration, commence par prévoir l'hypothèse d'une acquisition amiable.

En cas de refus des propriétaires, il est alors procédé par voie d'expropriation; l'article 19 prescrit la même procédure lorsque la tentative d'acquisition amiable a échoué : on devait donc se borner à rappeler que l'administration, dans ce dernier cas, aurait à procéder à l'acquisition des terrains par voie d'expropriation, comme on l'avait fait dans l'article 8.

Nous nous sommes demandé si les propriétaires des parcelles maintenues dans les nouveaux périmètres pourraient invoquer le bénéfice du second paragraphe de l'article 4 et conserver la propriété de leurs terrains en s'entendant avec l'État.

Les travaux exécutés sur ces parcelles sous l'empire de l'ancienne législation, peuvent en effet n'être pas terminés, dans tous les cas, il y aura toujours lieu de pourvoir à leur entretien.

Il paraît bien difficile de leur accorder le droit d'invoquer cette disposition, dont l'application dépend exclusivement de l'administration. Non seulement le silence de l'article 19 sur ce point et son renvoi très précis au premier paragraphe de l'article 4, ne permettent pas le moindre doute, mais la faculté de conserver la propriété des terrains étant toujours subordonnée à une entente préalable avec l'État, il suffira à l'administration de refuser de se prêter à cette entente pour pouvoir acquérir sans contestation possible et par voie d'expropriation, les terrains maintenus dans les nouveaux périmètres.

Mais si le droit n'est pas douteux, l'administration restera libre de provoquer cette entente aux conditions qu'elle jugera nécessaire d'imposer aux propriétaires: ceux-ci pourront alors, soit pour l'achèvement des travaux, soit pour leur entretien, constituer des associations syndicales conformément aux dispositions de la loi du 21 juin 1865.

Cette manière de procéder serait, à nos yeux, dans la plupart des cas, la plus avantageuse pour toutes les parties intéressées.

Art. 20.

L'État fait abandon des créances qu'il aurait à faire valoir contre les communes et les établissements publics, en vertu des lois du 28 juillet 1860 et du 8 juin 1864.

Toutefois, la plus-value résultant des travaux effectués en vertu de ces mêmes lois sera prise en considération par le jury dans l'évaluation du montant du prix des terrains à exproprier.

L'article 20 consacre l'abandon consenti par l'État des créances qu'il avait à faire valoir contre les établissements publics, en vertu des lois de 1860 et de 1864, mais une formule empruntée à l'article 51 de la loi du 3 mai 1841, lui permet d'opposer devant le jury, la plus-value résultant des travaux effectués en vertu de l'ancienne législation. Cette plus-value devra être prise en considération par le jury dans l'évaluation du montant des indemnités à accorder pour l'expropriation des terrains maintenus dans les périmètres par application de l'article 16.

Cette disposition, dit l'honorable M. Michel, dans le rapport que nous avons déjà cité, préviendra les difficultés de toute espèce qu'on voulut faire disparaître en 1841 en supprimant la compensation admise par la loi du 16 septembre 1807 entre la valeur de la propriété et la plus-value qui pouvait résulter pour elle de l'exécution des travaux qui amenait bien souvent les résultats les plus inattendus et les plus monstrueux.

Art. 21.

L'État aura la faculté de payer le montant des indemnités par annuités, dont chacune ne pourra être inférieure au dixième de la valeur totale attribuée aux terrains acquis.

Les annuités non payées porteront intérêt à cinq pour cent. L'État pourra se libérer en tout ou en partie par anticipation.

Le règlement d'administration publique a précisé le sens de l'article 21 en lui donnant une portée générale qui paraît difficilement contestable.

L'article 30 du règlement décide que le mode de payement par annuités prévu par l'article 21 de notre loi pour les acquisitions faites par l'État, est applicable à tous les terrains compris dans les périmètres, que ceux-ci aient été décrétés avant le 4 avril 1882 ou institués postérieurement à cette date.

Cette interprétation est facile à justifier.

Si, aux termes de l'article 18 de la loi, l'administration n'a que cinq ans pour traiter avec les propriétaires de l'acquisition des parcelles maintenues dans les périmètres à créer, aux termes de l'article 21, l'État aura la faculté de payer le montant des indemnités par annuités, dont chacune ne pourra être inférieure au dixième de la valeur totale attribuée aux terrains acquis.

Si l'on se reporte aux motifs qui ont fait introduire cette exception aux principes qui régissent le payement en matière d'expropriation, on voit que les raisons mises en avant sont d'ordre général et que la nécessité de protéger les finances de l'État imposait l'adoption de cette mesure.

Le rapport de M. Maigne s'exprime ainsi :

« L'article 21 est destiné à faire, qu'au moyen d'annuités décennales, le Trésor ait tout le temps nécessaire pour faire face au payement des créances, forcément assez nombreuses et quelquefois assez considérables, que pourraient ouvrir contre lui aussi bien les transactions amiables que les expropriations auxquelles pourront donner lieu les acquisitions de terrain dans les anciens et les nouveaux périmètres. »

En précisant le sens de l'article 21 le règlement d'administration publique a été au-devant des difficultés qui auraient pu s'élever dans la pratique : il est inutile d'ajouter que c'est avec raison qu'il ne fait aucune distinction entre les périmètres établis par la loi et ceux qui auraient été fixés par un décret, pour les terrains mis en défens que l'État peut être tenu d'acquérir, dans les conditions indiquées par l'article 8 de notre loi.

Les annuités non payées portent intéret à cinq pour cent et l'État peut toujours se libérer en tout ou en partie, par anticipation.

Art. 22.

Dans les communes assujetties à l'application de la présente loi, les gardes domaniaux appelés à veiller à l'exécution et à la conservation des travaux dans les périmètres de reboisement et de gazonnement, seront chargés en même temps de la constatation des infractions aux mises en défens, aux règlements sur les pâturages et de la surveillance des bois communaux, de manière que, pour le tout, il n'y ait désormais qu'un seul service commandé et soldé par l'État.

Nous avons eu déjà occasion de déterminer exactement le sens et la portée de cet article. En exemptant les communes assujetties à l'application de la nouvelle loi, des frais de garde qui leur incombaient jusqu'alors, le législateur a eu surtout en vue de faire cesser les plaintes et les récriminations qu'avait suscitées l'ancienne organisation : un service unique de surveillance commandé et soldé par l État a donc été institué à cet effet.

Le texte de l'article 22 est net et précis ; il ne saurait donner lieu à aucune difficulté, aussi nous ne rattachons qu'indirectement à cet article les dispositions de l'article 31 du règlement d'administration publique dont nous devons nous occuper maintenant en traitant de la compétence générale des gardes domaniaux, chargés par la loi de veiller à l'exécution et à la conservation des travaux dans les périmètres de reboisement et de gazonnement.

L'article 31 du règlement d'administration publique dispose que, pendant le délai de trois ans fixé par l'article 16 de la loi du 4 avril 1882 pour la révision des périmètres décrétés antérieurement à cette loi, les délits constatés par les gardes préposés à la surveillance de ces périmètres, continuent à être poursuivis comme les délits commis dans les bois soumis au régime forestier.

Cette disposition, qui n'était peut-être pas indispensable, puisqu'elle ne fait que constater un état de choses existant déjà, a été prise en vue d'éviter toute équivoque sur la situation légale des périmètres provisoirement maintenus par l'articte 16 de la loi.

Tout en abrogeant, en effet, les lois du 28 juillet 1860 et du 8 juin 1864, l'article 16 déclare que les périmètres décrétés jusqu'au 4 avril 1882 sont maintenus pendant un délai de trois ans.

L'administration des forêts devra donc veiller, pendant ce délai, à la conservation de ces périmètres, qu'elle sera libre d'acquérir, en tout ou en partie, pour en former de nouveaux.

Mais la surveillance de ces périmètres était assurée par les dispositions de l'article 11 de la loi de 1860, qui n'existe plus.

D'autre part, dans les dispositions transitoires de la loi de 1882, aucun texte ne prévoit cette surveillance que l'article 22 se borne à centraliser, pour l'avenir, entre les mains des agents domaniaux.

Cependant il est difficile d'admettre qu'en maintenant provisoirement les anciens périmètres, le législateur ne maintenait pas en même temps les dispositions qui en assuraient la conservation.

Sans doute, nous avons été amené à déclarer que le silence absolu de la loi à la fin du titre premier ne permet pas, pour protéger les périmètres qui seront créés en vertu de cette loi, d'invoquer la disposition par laquelle elle a, dans un autre titre, assuré la protection des terrains mis en défens.

Mais quand il s'agit des anciens périmètres, la situation n'est plus la même. Le silence de la loi n'est plus absolu; l'ancienne législation est bien abrogée, mais immédiatement après, une restriction considérable maintient provisoirement l'état de choses créé par cette même législation « Toutefois, dit l'article 16, les périmètres décrétés jusqu'à ce jour sont provisoirement maintenus. » Or. il est évident qu'on ne peut les maintenir sans conserver en même temps le mode de surveillance et de répression organisé par la loi de 1860; rien n'est donc plus logique, en présence de la rédaction de l'article 16, que de reconnaître que les délits commis sur ces anciens périmètres continuent à être poursuivis et réprimés conformément à la loi dont l'abrogation, sur ce point, n'est pas immédiate. La loi du 4 avril 1882 ne crée rien de nouveau en cette matière; elle maintient pendant trois ans les anciens périmètres : nous venons d'en indiquer la conséquence incontestable.

Le règlement d'administration publique se borne de son côté à rappeler que, pendant ce délai de trois ans, les délits commis sur ces périmètres continuent à être poursuivis dans les mêmes conditions que par le passé : c'est l'exacte et juridique interprétation des articles 16 et 22. Quant aux nouveaux périmètres formés avec des parcelles maintenues et acquises par l'administration avant ou après l'expiration de ce délai, ils retomberont sous l'empire des dispositions de la loi de 1882, ou plutôt de celles qu'il sera, suivant nous, nécessaire de prendre pour combler la lacune qui existe à la fin du titre premier, et pour assurer ainsi d'une manière efficace la conservation des travaux de restauration.

ART. 23.

Un règlement d'administration publique déterminera les dispositions à prendre pour l'application de la présente loi.

En étudiant la loi du 4 avril 1882, nous avons en même temps examiné les principales dispositions du règlement d'administration publique prévu par cet article. Ce règlement remplace celui du 10 novembre rendu pour l'exécution des lois des 28 juillet 1860 et 8 juin 1864, et son exécution est confiée au Ministre de l'agriculture dans les attributions duquel se trouve aujourd'hui l'administration des forêts.

APPENDICE

LOI relative à la restauration et à la conservation des terrains en montagne.

(4 avril 1882.)

Art. 1er. Il est pourvu à la restauration et à la conservation des terrains en montagne, soit au moyen de travaux exécutés par l'État, ou par les propriétaires, avec subvention de l'État, soit au moyen de mesures de protection, conformément aux dispositions de la présente loi.

TITRE PREMIER.

DE LA RESTAURATION DES TERRAINS EN MONTAGNE.

Art. 2. L'utilité publique des travaux de restauration rendus nécessaires par la dégradation du sol, et des dangers nés et actuels, ne peut être déclarée que par une loi.

La loi fixe le périmètre des terrains sur lesquels ces travaux doivent être exécutés.

Elle est précédée :

1° D'une enquête ouverte dans chacune des communes intéressées ;

2° D'une délibération des conseils municipaux de ces communes ;

3° De l'avis du conseil d'arrondissement et de celui du conseil général ;

4° De l'avis d'une Commission spéciale, composée : du préfet ou de son délégué, président, avec voix prépondérante ; d'un membre du conseil général et d'un membre du conseil d'arrondissement, autres que ceux du canton où se trouve le périmètre, délégués par leurs conseils respectifs et toujours rééligibles, et dans l'intervalle des sessions par la Commission départementale ; de deux délégués de la commune intéressée, désignés dans les mêmes conditions par le conseil municipal ; d'un ingénieur des ponts et chaussées ou des mines, d'un agent forestier, ces deux derniers membres nommés par le préfet.

Le procès-verbal de reconnaissance des terrains, le plan des lieux et l'avant-projet des travaux proposés par l'administration des forêts restent déposés à la mairie pendant l'enquête, dont la durée est fixée à trente jours.

Ce délai court du jour de la signification de l'arrêté préfectoral qui prescrit l'ouverture de l'enquête et la convocation du conseil municipal.

Art. 3. La loi est publiée et affichée dans les communes intéressées ; un duplicata du plan du périmètre est déposé à la mairie de chacune d'elles.

Le préfet fait, en outre, notifier aux communes, aux établissements publics et aux particuliers un extrait du projet et du plan contenant les indications relatives aux terrains qui leur appartiennent.

Art. 4. Dans le périmètre fixé par la loi, les travaux de restauration seront exécutés par les soins de l'administration et aux frais de l'État qui, à cet effet, devra acquérir, soit à l'amiable, soit par expropriation, les terrains reconnus nécessaires. Dans ce dernier cas, il sera procédé dans les formes prescrites par la loi du 3 mai 1841, à l'exception de celles qu'indiquent les articles 4, 5, 6, 7, 8, 9 et 10 du titre II et qui sont remplacées par celles des articles 2 et 3 de la présente loi.

Toutefois les propriétaires, les communes et les établissements publics pourront conserver la propriété de leurs terrains, s'ils parviennent à s'entendre avec l'État avant le jugement d'expropriation, et s'engagent à exécuter dans le délai à eux imparti, avec ou sans indemnité, aux clauses et conditions stipulées entre eux, les travaux de restauration qui leur seront indiqués et à pourvoir à leur entretien sous le contrôle et la surveillance de l'administration forestière.

Ils pourront, à cet effet, constituer des associations syndicales, conformément aux dispositions de la loi du 21 juin 1865.

Art. 5. Dans les pays de montagne, en dehors même des périmètres établis conformément aux dispositions qui précèdent, des subventions continueront à être accordées aux communes, aux associations pastorales, aux fruitières, aux établissements publics, aux particuliers, à raison des travaux entrepris par eux pour l'amélioration, la consolidation du sol et la mise en valeur des pâturages.

Ces subventions consisteront soit en délivrances de graines ou de plants, soit en argent, soit en travaux.

Art. 6. Le paragraphe 1er de l'article 224 du Code forestier, qui autorise le défrichement des jeunes bois pendant les vingt premières années après leur semis ou plantation, n'est applicable dans aucun cas aux reboisements effectués en exécution de la présente loi.

Mais les bois ainsi créés bénéficient sans exception de l'exemption d'impôts établie pendant trente ans par l'article 226 du Code forestier.

TITRE II.

CONSERVATION DES TERRAINS EN MONTAGNE.

CHAPITRE PREMIER. — *De la mise en défens.*

Art. 7. L'administration des forêts pourra requérir la mise en défens des terrains et pâturages en montagne appartenant aux communes, aux établissements publics et aux particuliers, toutes les fois que l'état de dégradation du sol ne paraîtra pas encore assez avancé pour nécessiter des travaux de restauration.

Cette mise en défens est prononcée par un décret rendu en Conseil d'État.

Art. 8. Ce décret est précédé des enquêtes, délibérations et avis prescrits par le troisième paragraphe de l'article 2 de la présente loi.

Il détermine la nature, la situation et les limites du terrain à interdire. Il fixe, en outre, la durée de la mise en défens, sans qu'elle puisse excéder dix ans, et le délai pendant lequel les parties intéressées pourront procéder au règlement amiable de l'indemnité à accorder aux propriétaires pour privation de jouissance.

En cas de désaccord sur le chiffre de l'indemnité, il sera statué par le conseil de préfecture, après expertise contradictoire, s'il y a lieu, sauf recours au Conseil d'État, devant lequel il sera procédé sans frais dans les mêmes formes et délais qu'en matière de contributions publiques.

Il pourra n'être nommé qu'un seul expert.

Dans le cas où l'État voudrait, à l'expiration du délai de dix ans, maintenir la mise en défens, il sera tenu d'acquérir les terrains à l'amiable ou par voie d'expropriation publique, s'il en est requis par les propriétaires.

Art. 9. L'indemnité annuelle sera versée à la caisse municipale.

La somme représentant la perte éprouvée par les communes à raison de la suspension de l'exercice de leur droit d'amodier les pâturages ou de les soumettre à des taxes locales, sera affectée aux besoins communaux, et le surplus et même le tout, s'il y a lieu, sera distribué aux habitants par les soins du conseil municipal.

Art. 10. Pendant la durée de la mise en défens, l'État pourra exécuter, sur les terrains interdits, tels travaux que bon lui semblera, pour parvenir plus rapidement à la consolidation du sol, pourvu que ces travaux n'en changent pas la nature, et sans qu'une indemnité quelconque puisse être exigée du propriétaire, à raison des améliorations que ces travaux auraient procurées à sa propriété.

Art. 11. Les délits commis sur les terrains mis en défens seront constatés et poursuivis comme ceux commis dans les bois soumis au régime forestier. Il sera procédé à l'exécution des jugements conformément aux articles 209, 211, 212 et aux paragraphes 1er et 2 de l'article 210 du Code forestier.

CHAPITRE II. — *De la réglementation des pâturages communaux.*

Art. 12. Dans l'année qui suivra la promulgation de la présente loi, et à l'avenir, avant le 1er janvier de chaque année, les communes dont les noms seront inscrits au tableau annexé au règlement d'administration publique prévu par l'article 23 devront transmettre au préfet du département un règlement indiquant la nature et les limites des terrains communaux soumis au pacage, les diverses espèces de bestiaux et le nombre des têtes à y introduire, l'époque du commencement et de la fin du pâturage, ainsi que les autres conditions relatives à son exercice.

Art. 13. Si, à l'expiration du délai fixé par l'article précédent, les communes n'ont pas soumis à l'approbation du préfet le projet de règlement prescrit par le même article, il y sera pourvu d'office par le préfet, après avis d'une Commission spéciale, composée du secrétaire général ou du sous-préfet, président, d'un conseiller général et du plus âgé des conseillers d'arrondissement du canton, d'un délégué du conseil municipal de la commune et de l'agent forestier.

Il en sera de même dans les cas où les communes n'auraient pas consenti à modifier le règlement proposé par elles conformément aux observations de l'administration.

Art. 14. Les règlements mentionnés à l'article 13 ci-dessus seront rendus exécutoires par le préfet, si, dans le mois qui suivra l'accusé de réception de la délibération du conseil municipal, ils n'ont donné lieu à aucune contestation.

Art. 15. Les contraventions aux règlements de pâturage intervenus dans les conditions fixées par les articles ci-dessus seront constatées et poursuivies dans les formes prescrites par les articles 137 et suivants du Code d'instruction criminelle, et, au besoin, par tous les officiers de police judiciaire.

Les contrevenants seront passibles des peines portées par les articles 471 du Code pénal et 474 en cas de récidive, modifiées, s'il y a lieu, par l'application de l'article 463.

TITRE III.

DISPOSITIONS TRANSITOIRES.

Art. 16. Les lois du 28 juillet 1860 et du 8 juin 1864 sont abrogées.

Toutefois, les périmètres décrétés jusqu'à ce jour sont provisoirement maintenus.

Ils seront revisés dans les trois ans à partir de la promulgation de la présente loi.

Pendant ce délai, l'administration des forêts devra notifier aux propriétaires la liste des parcelles qu'elle se propose d'acquérir pour en former de nouveaux périmètres.

Les sommes représentant, dans les règlements à intervenir, le prix desdites parcelles porteront intérêt au taux légal, au profit des propriétaires, à partir de l'expiration du délai de trois ans ci-dessus mentionné.

Art. 17. A l'expiration de ce délai, les communes, les établissements publics et les particuliers rentreront dans la pleine propriété et jouissance des parcelles qui ne figureront pas sur cette liste. Ils ne pourront en être dépossédés de nouveau qu'après l'accomplissement des formalités prescrites par la présente loi.

Art. 18. Dans les cinq ans à partir de la promulgation de la présente loi, l'administration devra traiter avec les communes, les établissements publics et les particuliers, pour l'acquisition des parcelles maintenues dans les périmètres de gazonnement et de reboisement.

Art. 19. Si les propriétaires des parcelles que l'État se propose d'acquérir n'acceptent pas les prix qui leur sont offerts, il sera procédé ainsi qu'il est prescrit par le premier paragraphe de l'article 4 de la présente loi.

Art. 20. L'État fait abandon des créances qu'il aurait à faire valoir contre les communes et les établissements publics, en vertu des lois du 28 juillet 1860 et du 8 juin 1864.

Toutefois, la plus-value résultant des travaux effectués en vertu de ces mêmes lois, sera prise en considération par le jury dans l'évaluation du montant du prix des terrains à exproprier.

Art. 21. L'État aura la faculté de payer le montant des indemnités par annuités, dont chacune ne pourra être inférieure au dixième de la valeur totale attribuée aux terrains acquis.

Les annuités non payées porteront intérêt à 5 p. 100. L'État pourra se libérer en tout ou en partie par anticipation.

Art. 22. Dans les communes assujetties à l'application de la présente loi, les gardes domaniaux appelés à veiller à l'exécution et à la conservation des travaux dans les périmètres de reboisement et de gazonnement seront chargés en même temps de la constatation des infractions aux mises en défens, aux règlements sur les pâturages et de la surveillance des bois communaux, de manière que, pour le tout, il n'y ait désormais qu'un seul service commandé et soldé par l'État.

Art. 23. Un règlement d'administration publique déterminera les dispositions à prendre pour l'application de la présente loi.

DÉCRET portant règlement d'administration publique pour l'exécution de la loi du 4 avril 1882 sur la restauration et la conservation des terrains en montagne.

(11 juillet 1882.)

Le Président de la République française,

Sur le rapport du Ministre de l'agriculture,

Vu la loi du 4 avril 1882, relative à la restauration et à la conservation des terrains en montagne, notamment l'article 23 de ladite loi, ainsi conçu : « Un règlement d'administration publique déterminera les dispositions à prendre pour l'application de la présente loi » ;

Vu le Code forestier et l'ordonnance réglementaire de ce Code, en date du 1er août 1827 ;

Vu la loi du 18 juillet 1837 et le décret du 25 mars 1852 ;

Vu la loi du 3 mai 1841, sur l'expropriation pour cause d'utilité publique ;

Vu la loi du 21 juin 1865, sur les associations syndicales ;

Le Conseil d'État entendu,

Décrète :

TITRE PREMIER.

DE LA RESTAURATION DES TERRAINS EN MONTAGNE.

CHAPITRE PREMIER. — *Fixation du périmètre des terrains à restaurer.*

Article 1er. L'administration des forêts procède à la désignation des terrains dont elle estime que la restauration est d'utilité publique.

Elle dresse à cet effet un procès-verbal de reconnaissance des terrains, un plan des lieux et un avant-projet des travaux dont elle propose l'exécution.

Art. 2. Le procès-verbal de reconnaissance expose la configuration des lieux, leur altitude moyenne, les conditions dans lesquelles ils se trouvent au point de vue géologique et climatérique, l'état de dégradation du sol, les circonstances qui ont amené cet état, les dommages qui en sont résultés et les dangers qu'il présente.

Il est accompagné d'un tableau parcellaire donnant, pour chaque parcelle ou portion de parcelle comprise dans le périmètre, la section et le numéro de la matrice cadastrale, la contenance, le nom du propriétaire, le revenu imposable et le mode de jouissance adopté jusque-là.

Le plan des lieux est dressé d'après le cadastre et porte l'indication des sections et les numéros des parcelles.

L'avant-projet fait connaître la nature et l'importance des travaux, ainsi que l'évaluation approximative de la dépense totale.

Art. 3. Les pièces énoncées en l'article précédent sont adressées par l'administration des forêts au préfet qui, dans le délai d'un mois au plus, ouvre dans chacune des communes intéressées, l'enquête prescrite par l'article 2 de la loi du 4 avril 1882.

L'arrêté prescrivant l'ouverture de l'enquête et la convocation du conseil municipal est signifié au maire de la commune intéressée et, en même temps, porté à la connaissance des habitants par voie de publications et d'affiches.

Toutes les pièces restent déposées à la mairie pendant trente jours, à partir de ladite signification.

Passé ce délai, un commissaire enquêteur, désigné par le préfet, reçoit au même lieu, pendant trois jours consécutifs, les déclarations des habitants sur l'utilité publique des travaux projetés.

Il est justifié de l'accomplissement de cette formalité, ainsi que de la publication et de l'affichage de l'arrêté du préfet, par un certificat du maire.

Après avoir clos et signé le registre des déclarations, le commissaire le transmet immédiatement au préfet, avec son avis motivé et les pièces qui ont servi de base à l'enquête.

Art. 4. Dans la huitaine après la clôture de l'enquête, le conseil municipal exprime son avis dans une délibération dont le procès-verbal est adressé immédiatement au préfet, pour être joint au dossier. Il désigne en outre deux délégués chargés de représenter la commune dans la Commission spéciale instituée par l'article 2 de la loi du 4 avril 1882; ces délégués doivent être choisis en dehors des propriétaires de parcelles comprises dans le périmètre.

Art. 5. Dans le cours de la session, le conseil d'arrondissement et le conseil général désignent chacun un de leurs membres, autres que ceux du canton où se trouve le périmètre, pour les représenter dans la Commission spéciale mentionnée à l'article précédent.

Dans l'intervalle des sessions, le membre du conseil général et le membre du conseil d'arrondissement sont désignés par la Commission départementale.

Art. 6. Le préfet désigne pour faire partie de la même Commission un ingénieur des ponts et chaussées ou des mines et un agent forestier, puis il convoque la Commission ainsi complétée.

Celle-ci se réunit au lieu indiqué par un arrêté spécial de convocation, dans la quinzaine de la date de cet arrêté. Elle examine séparément pour chaque commune les pièces de l'instruction, les déclarations consignées au registre de l'enquête, et, après avoir recueilli tous les renseignements nécessaires, elle donne son avis motivé tant sur l'utilité publique de l'entreprise que sur les mesures d'exécution indiquées dans l'avant-projet.

Cet avis doit être formulé sous forme de procès-verbal, dans le délai d'un mois à partir de l'arrêté de convocation.

Art. 7. Le préfet, après avoir pris l'avis du conseil d'arrondissement et du conseil général, adresse au Ministre de l'agriculture, avec son avis motivé, toutes les pièces de l'instruction relative à chaque commune, aussitôt que les formalités prescrites ont été complètement remplies.

Si les travaux projetés intéressent plusieurs départements, il est procédé simultanément dans chaque département à l'accomplissement des formalités ci-dessus prescrites.

Le Ministre de l'agriculture prépare le projet de loi statuant sur la déclaration d'utilité publique des travaux de restauration : le projet peut comprendre l'ensemble des terrains à restaurer dans un même bassin de rivière torrentielle.

Art. 8. Le préfet est chargé de l'accomplissement des formalités de publication et d'affichage prescrites par l'article 3 de la loi du 4 avril 1882. Les plans et extraits nécessaires lui sont transmis immédiatement, à cet effet, par l'administration des forêts.

CHAPITRE II. — *Travaux obligatoires. — Indemnités. — Acquisitions de terrains.*

Art. 9. Dans le délai de trente jours après la notification prescrite par l'article 3 de la loi du 4 avril 1882, les propriétaires et les associations syndicales libres qui désirent bénéficier des dispositions de l'article 4 de la même loi et conserver la propriété de leurs terrains doivent en informer par écrit le conservateur des forêts. Celui-ci leur notifie les travaux à effectuer sur leurs terrains, les clauses, conditions et délais d'exécution, ainsi que le montant des indemnités qui pourront leur être accordées par l'État.

S'ils acceptent ces conditions, ils remettent en double minute au conservateur, et dans un délai de quinze jours, l'engagement mentionné dans l'article 4 de la loi du 4 avril 1882.

Cet engagement doit contenir la justification des moyens d'exécution. Il est soumis à l'approbation du Ministre de l'agriculture.

En cas d'approbation, mention en est faite sur l'une des minutes, qui est rendue au propriétaire.

A défaut de déclaration ou d'acceptation dans les délais précités, les propriétaires sont réputés renoncer au bénéfice des dispositions du deuxième paragraphe de l'article 4 de la loi du 4 avril 1882.

Art. 10. Dans le délai de trente jours après la notification prescrite par l'article 3 de la loi du 4 avril 1882, les communes et établissements publics, propriétaires de terrains compris dans les périmètres fixés par la loi déclarative de l'utilité publique, ainsi que les associations syndicales autorisées, font connaître au préfet, par une déclaration motivée, leur intention de bénéficier des dispositions de l'article 4 de la loi du 4 avril 1882.

L'administration des forêts leur notifie, par l'intermédiaire du préfet, les travaux à effectuer sur leurs terrains, les clauses, conditions et délais d'exécution, ainsi que le montant des indemnités qui pourront leur être accordées.

Dans le délai de trente jours à compter de cette notification, les communes et les établissements publics font connaître au préfet, par une délibération motivée, qu'ils acceptent ces conditions.

A défaut de déclaration ou d'acceptation dans les délais précités, les travaux de restauration sont exécutés dans les conditions indiquées par le paragraphe 1er de l'article 4 de la loi du 4 avril 1882.

Art. 11. Le conseil municipal ou la commission administrative alloue chaque année les crédits ou les journées de prestation, fixés par les conventions comme nécessaires, tant pour l'exécution des travaux neufs sur les terrains appartenant aux communes et établissements publics, que pour l'entretien des travaux effectués. Le refus d'allocation entraîne de plein droit la déchéance de la faculté accordée par le paragraphe 2 de l'article 4 de la loi du 4 avril 1882.

Art. 12. Les travaux neufs ou d'entretien effectués sur leurs terrains avec ou sans indemnité, par les particuliers, les communes ou les établissements publics, sont soumis au contrôle et à la surveillance de l'administration des forêts.

L'indemnité n'est payée qu'après exécution des travaux, au vu d'un procès-verbal de réception dressé par l'agent forestier local et sur l'avis du conservateur.

En cas d'inexécution dans les délais fixés, de mauvaise exécution ou de défaut d'entretien, constatés par le conservateur des forêts ou son délégué, contradictoirement ou en l'absence des propriétaires dûment convoqués, une décision du Ministre de l'agriculture ordonne qu'il soit procédé conformément au paragraphe 1er de l'article 4 de la loi du 4 avril 1882.

Art. 13. Les propriétaires qui sont disposés à céder amiablement leurs terrains à l'État doivent se concerter sans retard avec les agents forestiers. Si l'accord s'établit, le contrat est passé dans les formes et conditions prévues par les articles 19, 56, 58 et 59 de la loi du 3 mai 1841.

CHAPITRE III. — *Travaux facultatifs.* — *Subventions.*

Art. 14. Les propriétaires de terrains en montagne qui désirent prendre part aux subventions accordées par l'État, aux termes de l'article 5 de la loi du 4 avril 1882, doivent en adresser la demande au conservateur des forêts. S'il s'agit d'une commune, d'une association pastorale, d'une fruitière ou d'un établissement public, la demande doit être adressée au préfet, qui la transmet au conservateur avec son avis motivé,

Ces subventions, qui consistent soit en délivrance de graines ou de plants, soit en argent, soit en travaux, sont accordées par le Ministre de l'agriculture.

Art. 15. Les subventions en graines ou plants allouées aux communes, aux associations pastorales, aux fruitières, aux établissements publics et aux particuliers sont estimées en argent. Avant la délivrance, l'estimation est notifiée aux propriétaires et acceptée par eux.

Les travaux entrepris à l'aide de subventions de l'État sont exécutés sous le contrôle et la surveillance des agents forestiers.

Les subventions en argent sont payées après l'exécution des travaux, au vu d'un procès-verbal de réception dressé par l'agent forestier local et sur l'avis du conservateur. Le montant des subventions en graines ou plants peut être répété par l'État, en cas d'inexécution des travaux, de détournement d'une partie des graines ou des plants, ou de mauvaise exécution constatée comme au paragraphe 3 de l'article 2 du présent décret.

Art. 16. Sont soumis de plein droit au régime forestier les terrains appartenant aux communes et aux établissements publics, sur lesquels des travaux de reboisement sont entrepris à l'aide de subventions de l'État.

La restitution des subventions peut être requise dans le cas où les terrains à restaurer viendraient à être distraits du régime forestier. Cette restitution est ordonnée par un arrêté du préfet.

TITRE II.

CONSERVATION DES TERRAINS EN MONTAGNE.

CHAPITRE PREMIER. — *Fixation du périmètre des terrains à mettre en défens. — Indemnités pour privation de jouissance.*

Art. 17. L'administration des forêts procède à la désignation des terrains dont elle estime que la mise en défens est nécessaire dans l'intérêt public.

A cet effet, elle dresse un procès-verbal de reconnaissance des terrains et un plan des lieux.

Art. 18. Les documents mentionnés ci-dessus sont établis conformément aux dispositions de l'article 2 du présent décret.

Le procès-verbal de reconnaissance indique, en outre, la nature, la situation et les limites des terrains à interdire au parcours, la durée de la mise en défens, sans qu'elle puisse excéder dix ans, et le délai pendant lequel les parties intéressées peuvent procéder au règlement des indemnités à accorder aux propriétaires pour privation de jouissance.

Art. 19. Les documents énoncés en l'article précédent sont transmis par l'administration des forêts au préfet, qui fait procéder, dans la forme et les délais prescrits par les articles 3, 4, 5, 6 et 7 du présent décret, à l'accomplissement des formalités mentionnées dans le paragraphe 1er de l'article 8 de la loi du 4 avril 1882. Le préfet renvoie toutes les pièces de l'instruction, avec son avis motivé, au Ministre de l'agriculture.

Art. 20. Ampliation du décret prononçant la mise en défens est transmise par l'administration des forêts au préfet, qui le fait publier et afficher dans la commune de la situation des lieux, puis notifier sous forme d'extrait aux divers propriétaires intéressés. Cet extrait contient les indications spéciales relatives à chaque parcelle ; il fait connaître le jour initial et la durée de la mise en défens, ainsi que le délai pendant lequel il pourra être procédé au règlement amiable de l'indemnité annuelle due pour privation de jouissance.

Art. 21. En cas d'accord avec le propriétaire, le montant de l'indemnité annuelle est définitivement fixé par le Ministre de l'agriculture.

Si, à l'expiration du délai fixé par le décret prononçant la mise en défens, l'accord ne s'est pas établi, il est procédé alors au règlement de l'indemnité conformément aux prescriptions de l'article 8 de la loi du 4 avril 1882.

L'indemnité court à partir du jour initial de la mise en défens et se calcule d'après le montant de l'annuité fixée, au prorata du nombre de mois et de jours écoulés. Elle est payée, par chaque année écoulée, dans le courant du mois de janvier de l'année suivante.

Art. 22. Si l'administration des forêts estime qu'il est nécessaire de maintenir les terrains en défens après l'expiration du délai de dix ans fixé par l'article 8 de la loi du 4 avril 1882, elle notifie sa décision aux propriétaires de ces terrains avant la fin de la dernière année, et il est alors procédé conformément aux dispositions du chapitre 2 du titre Ier du présent décret, si le propriétaire le requiert dans le délai d'un mois à partir de la notification.

Dans le cas où le délai fixé par le décret prononçant la mise en défens serait inférieur à dix ans, si l'administration des forêts croit nécessaire de maintenir les terrains en défens jusqu'à l'expiration du délai de dix ans, elle notifie sa décision aux propriétaires de ces terrains, avant la fin de la dernière année du délai fixé par le premier décret.

CHAPITRE II. — *Réglementation de l'exercice du pâturage sur les terrains communaux.*

Art. 23. Sont inscrites sur le tableau prévu par l'article 12 de la loi du 4 avril 1882, et assujettie à la réglementation prescrite par cet article, les communes sur le territoire desquelles des périmètres de restauration obligatoire ou de mise en défens ont été établis par des lois ou des décrets. Notification de ce tableau est préalablement faite par le préfet à chaque commune intéressée, en ce qui la concerne.

Ce tableau est revisé annuellement et, au plus tard, le 1er octobre de chaque année, sur la proposition de l'administration des forêts. Les modifications qu'il convient d'y apporter sont arrêtées par décret rendu dans la forme des règlements d'administration publique.

Dans le délai d'un mois, les modifications introduites dans la liste sont notifiées par le préfet à chaque commune intéressée, en ce qui la concerne.

Art. 24. Avant le 1er janvier de chaque année, le maire de chaque commune assujettie à la réglementation du pâturage fait parvenir au préfet, en double minute, le projet de règlement pour l'exercice du pâturage sur les terrains appartenant à la commune et situés soit sur son territoire, soit sur celui d'une autre commune.

Le projet de règlement indique notamment :

La nature, les limites, la superficie totale des terrains communaux soumis au pâturage ;

Les limites, l'étendue des cantons qu'il y a lieu d'ouvrir aux troupeaux dans le cours de l'année ;

Les chemins par lesquels les bestiaux doivent passer pour aller au pâturage ou au pacage et en revenir ;

Les diverses espèces de bestiaux et le nombre de têtes qu'il convient d'y introduire ;

L'époque à laquelle commence et finit l'exercice du pâturage suivant les cantons, et la catégorie des bestiaux;

La désignation du pâtre ou des pâtres communs choisis par l'autorité municipale pour conduire le troupeau de chaque commune ou section de commune;

Et toutes autres conditions d'ordre et de police relatives à l'exercice du pâturage.

Le préfet communique immédiatement ce projet de règlement au conservateur des forêts.

Les projets de cahiers des charges et de baux concernant les pâturages communaux à affermer sont assimilés aux projets de règlement; ils sont, en conséquence, soumis aux mêmes formalités et communiqués au conservateur des forêts.

Art. 25. Le règlement délibéré par le conseil municipal, conformément à l'article 12 de la loi du 4 avril 1882, est publié et affiché dans la commune.

Les intéressés peuvent adresser leurs réclamations au préfet dans le mois qui suivra la publication de ce règlement, constatée par un certificat du maire.

Art. 26. Après que le règlement délibéré par le conseil municipal aura été rendu exécutoire, les deux minutes transmises par le maire sont visées par le préfet, qui retourne l'une de ces minutes à la commune et remet l'autre au conservateur des forêts.

Les règlements établis ou modifiés par le préfet, dans les conditions indiquées par l'article 13 de la loi du 4 avril 1882, sont exécutoires après notification au maire de la commune intéressée.

TITRE III.

DISPOSITIONS TRANSITOIRES ET DISPOSITIONS GÉNÉRALES.

CHAPITRE PREMIER. — *Dispositions transitoires.*

Art. 27. La révision des périmètres décrétés antérieurement au 4 avril 1882 est opérée par les agents forestiers et constatée par un procès-verbal.

Les terrains qui font l'objet de cette révision sont divisés en trois catégories, savoir :

1° Terrains dont la restauration est reconnue nécessaire ou doit être continuée, et qu'il y a lieu par l'État d'acquérir pour en former de nouveaux périmètres ;

2° Terrains qu'il convient de rendre à la libre jouissance des ayants droit ;

3° Terrains boisés ou partiellement boisés appartenant aux communes ou aux établissements publics et qui doivent être maintenus sous le régime forestier, conformément aux dispositions de l'article 90 du Code forestier.

Art. 28. Le procès-verbal de révision indique, pour chaque parcelle, le numéro du plan cadastral, la contenance et le nom du propriétaire tel qu'il est désigné à la matrice des rôles.

Il est accompagné d'un plan des lieux dressé d'après le cadastre.

Art. 29. Ampliation du procès-verbal de révision, approuvé par le directeur des forêts, est transmise au préfet, qui est chargé de notifier à chaque propriétaire un extrait de cet acte concernant les parcelles lui appartenant. Un duplicata du plan précité est déposé à la mairie de la commune de la situation des lieux.

Art. 30. Le mode de payement par annuités prévu par l'article 21 de la loi du 4 avril 1882, pour les acquisitions faites par l'État, est applicable à tous les terrains compris dans les périmètres décrétés avant le 4 avril 1882, ou institués postérieurement à cette date.

Art. 31. Pendant le délai de trois ans, fixé par l'article 16 de la loi du 4 avril 1882, pour la révision des périmètres décrétés antérieurement à cette loi, les délits constatés par les gardes préposés à la surveillance de ces périmètres continuent à être poursuivis comme les délits commis dans les bois soumis au régime forestier.

CHAPITRE II. — *Dispositions générales.*

Art. 32. Est abrogé le décret du 10 novembre 1864, portant règlement d'administration publique pour l'exécution des lois des 28 juillet 1860 et 8 juin 1864.

Art. 33. Le Ministre de l'agriculture est chargé de l'exécution du présent décret, qui sera inséré au *Bulletin des lois.*

ANNEXE

TABLEAU, par département, des communes assujetties à la réglementation du pâturage, annexé au règlement d'administration publique du 11 *juillet* 1882, *en vertu de l'article* 12 *de la loi du* 4 *avril* 1882.

ALPES (BASSES-)

Angles.
Archail.
Barcelonnette.
Barrême.
Bayons.
Beaujeu.
Castellane.
Chaudon.
Entrages.
Faucon.
Gaubert.
Jausiers.
La Javie.
La Mure.
Le Brusquet.
L'Escale.
Les Dourbes.
Les Thuiles.
Le Vernet.
Marcoux.
Meyronnes.
Montclar.
Saint-André-de-Méouilles.
Saint-Jurson.
Saint-Pons.
Selonnet.
Seyne.
Uvernet.
Verdaches.
Vergons.

ALPES (HAUTES-)

Abriès.
Ancelle.
Baratier.
Briançon.
Champcella.
Champoléon.
Châteauroux.
Châtillon-le-Désert.
Embrun.
Espinasses.
Eygliers.
Fressinières.
Guillestre.
La Bâtie-Neuve.

La Fare.
La Motte.
Laye.
Le Monestier-de-Briançon.
Le Noyer.
Les Crottes.
Les Orres.
Manteyer.
Molines-en-Champsaur.
Montmaur.
Névache.
Orcières.
Pelleautier.
Prunières.
Puy-Saint-André.
Puy-Saint-Eusèbe.
Puy-Sanières.
Réallon.
Remollon.
Réotier.
Risoul.
Rochebrune.
Rousset.
Saint-Appollinaire.
Saint-Clément.
Saint-Crépin.
Saint-Jean-Saint-Nicolas.
Saint-Julien-en Champsaur.
Saint-Léger.
Saint-Martin-de-Queyrières.
Saint-Michel-de-Chaillot.
Saint-Sauveur.
Savines.
Sigoyer.
Théus.
Val-des-Prés.
Vars.

ALPES-MARITIMES

Saint-Auban.

ARDÈCHE

Aizac.
Antraigues-sur-Volane.
Borée
La Bastide-de-Juvinas.
Lachamp-Raphaël.
La Violle.
Le Roux.
Loubaresse.
Mayres.
Montpezat.
Saint-Andéol-de-Fourchades
Saint-Etienne-de-Boulogne.
Saint-Martial.
Thueyts.
Valgorge.
Vals.
Vesseaux

AUDE

Albières.
Arques.
Cannes.
Citou.
Fourtou.
Les Bains-de-Rennes.
Lespinassière.
Peyrolles.
Serres.

DRÔME

Aix.
Barnave.
Beaumont-en-Diois.
Bonneval.
Boule.
Châtillon-en-Diois.
Fourcinet.
Glandage.
Jonchères.
La Bâtie-Crémezin.
La Bâtie-des-Fonts.
Laval-d'Aix.
Les Prés.
Luc-en-Diois.
Lus-la-Croix-Haute.
Marignac.
Menglon.
Miscon.
Molières.
Montmaur.
Poyols.
Treschenu.
Valdrôme.
Volvent.

GARD

Blandas.
Bréau.
Concoules.
Dourbies.
Génolhac.
Lanuéjols.
Malons.
Montdardier.
Ponteils.
Saint-Sauveur-des-Pourcils.

HÉRAULT

Cambon.
Mons.
Parlatges.
Prémian.
Riols.
Saint-Etienne-de-Gourgas.
Saint-Julien.
Saint-Pons.
Saint-Vincent.
Soubès.

ISÈRE

Beaufin.
Bourg-d'Oisans.
Clelles.
Cordéac.
Cornillon-en-Trièves.
Corps.
Côtes-de-Corps
Entraigues.
Gresse.
Lalley.
La Morte.
La Sallette.
Lavaldens.
Lavars.
Livet-et-Gavet.
Mens.

Nantes-en-Rattier.
Oulles.
Pellafol.
Prébois.
Roissard.
Sinard.
Saint-Baudille-et-Pipet.
Saint-Genis.
Saint-Jean-d'Hérans.
Saint-Laurent-en-Beaumont.
Saint-Maurice-en-Trièves.
Saint-Michel-les-Portes.
Saint-Paul-les-Monestier.
Saint-Sébastien.
Treffort.
Tréminis.
Villard-Eymond.

LOIRE

Arçon.
Chalmazelles.
Le Bessat.
Lérigneux.
Les Noës.
Roche.
Rochetaillée.
Sauvain.
Saint-Bonnet-le-Courreau.
Saint-Bonnet-des-Quarts.
Saint-Etienne.
Saint-Genest-Malifaux.
Saint-Just-en-Chevalet.
Tarentaise.

LOIRE (HAUTE-)

Araules.
Beaulieu.
Brignon.
Cayres.
Chadron.
Chamalières.
Champelause.
Chaudeyrolles.
Coubon.
Freycenet-la-Cuche.
Freycenet-la-Tour.
Goudet.
La Farre.
Lantriac.
Laussonne.
Le Bouchet-Saint-Nicolas.
Les Estables.
Mézères.
Monastier.
Montusclat.
Ouïdes.
Pradelles.
Queyrières.
Rosières.
Saint-Arcons-de-Barges.
Saint-Étienne.
Saint-Front.
Saint-Germain-Laprade.
Saint-Hostien.
Saint-Jean-Lachalm.
Saint-Julien-Chapteuil.
Siant-Martin-de-Fugères.
Saint-Paul-de-Tartas.
Saint-Pierre-Eynac.
Seneujols.
Solignac-sur-Loire.
Yssingeaux.

LOZÈRE

Badaroux.
Balsièges.
Brenoux.
Chadenet.
Chanac.
Chastel-Nouvel.
Cultures.
Esclanèdes.
Lanuéjols.
La Rouvière.
Mende.
Saint-Beauzile.
Saint-Etienne-du-Valdonnez.

PUY-DE-DÔME

Ayat.
Blot-l'Eglise.
Ceyrat.
Chapdes-Beaufort.
Châteauneuf.
Combrailles.
Comps.
Durtol.
Miremont.
Montfermy.
Nohanent.
Orcines.
Pontaumur.
Puy-Saint-Gulmier.
Queuille.
Romagnat.
Royat.
Saint-Angel.
Sainte-Christine.
Saint-Genès.
Saint-Georges-de-Mons.
Saint-Gervais.
Saint-Jacques-d'Ambur.
Saint-Priest-des-Champs.
Sauret-Besserve.
Vitrac.

PYRÉNÉES (BASSES-)

Aste-Béon.
Aydius.
Bedous.
Eaux-Bonnes.
Gère-Bélesten.
Laruns.
Lées-Athas.
Lescun.
Lurbe.
Oloron.
Sarrance.
Urdos.

PYRÉNÉES (HAUTES-)

Bazus-Aure.
Betpouey.
Lourdes.
Sers.
Viella.

PYRÉNÉES-ORIENTALES

Bolquère.
Canaveilles-et-Lhar.
Corneilla.
Escaro.
Fontpédrouse.
Fuilla.
Lujols.
La Llagonne.
Nyers.
Olette.
Planès.
Ria-et-Sirach.
Saint-Pierre.
Sauto.
Serdinya.
Souanyas.
Thuès.
Villefranche.

VAR

Aiguines.
Artigues.
Ollioules.
Rians.

LOI sur l'expropriation pour cause d'utilité publique.

(3 mai 1841.)

TITRE PREMIER.

DISPOSITIONS PRÉLIMINAIRES.

Art. 1er. L'expropriation pour cause d'utilité publique s'opère par autorité de justice.

Art. 2. Les tribunaux ne peuvent prononcer l'expropriation qu'autant que l'utilité en a été constatée et déclarée dans les formes prescrites par la présente loi.

Ces formes consistent :

1° Dans la loi ou l'ordonnance royale qui autorise l'exécution des travaux pour lesquels l'expropriation est requise ;

2° Dans l'acte du préfet qui désigne les localités ou territoires sur lesquels les travaux doivent avoir lieu, lorsque cette désignation ne résulte pas de la loi ou de l'ordonnance royale ;

3° Dans l'arrêté ultérieur par lequel le préfet détermine les propriétés particulières auxquelles l'expropriation est applicable.

Cette application ne peut être faite à aucune propriété particulière qu'après que les parties intéressées ont été mises en état d'y fournir leurs contredits, selon les règles exprimées au titre II.

Art. 3. Tous grands travaux publics, routes royales, canaux, chemins de fer, canalisation des rivières, bassins et docks, entrepris par l'État, les départements, les communes, ou par les compagnies particulières, avec ou sans péage, avec ou sans subside du Trésor, avec ou sans aliénation du domaine public, ne pourront être exécutés qu'en vertu d'une loi, qui ne sera rendue qu'après une enquête administrative.

Une ordonnonce royale suffira pour autoriser l'exécution des routes départementales, celle des canaux et chemins de fer d'embranchement de moins de vingt mille mètres de longueur, des ponts et de tous autres travaux de moindre importance.

Cette ordonnance devra également être précédée d'une enquête.

Ces enquêtes auront lieu dans les formes déterminées par un règlement d'administration publique.

TITRE II.

DES MESURES D'ADMINISTRATION RELATIVES A L'EXPROPRIATION [1].

Art. 4. Les ingénieurs ou autres gens de l'art chargés de l'exécution des travaux lèvent, pour la partie qui s'étend sur chaque commune, le plan parcellaire des terrains ou des édifices dont la cession leur paraît nécessaire.

Art. 5. Le plan desdites propriétés particulières, indicatif des noms de chaque propriétaire, tels qu'ils sont inscrits sur la matrice des rôles, reste déposé, pendant huit jours, à la mairie de la commune où les propriétés sont situées, afin que chacun puisse en prendre connaissance.

Art. 6. Le délai fixé à l'article précédent ne court qu'à dater de l'avertissement, qui est donné collectivement aux parties intéressées, de prendre communication du plan déposé à la mairie.

1. Nous reproduisons intégralement le texte de la loi du 3 mai 1841, mais nous rappelons que les formalités prescrites par ses articles 4, 5, 6, 7, 8, 9 et 10 sont remplacées, d'après l'article 4 de la loi du 4 avril 1882, par celles des articles 2 et 3 de cette dernière loi.

Cet avertissement est publié à son de trompe ou de caisse dans la commune, et affiché tant à la principale porte de l'église du lieu qu'à celle de la maison commune.

Il est en outre inséré dans l'un des journaux publiés dans l'arrondissement, ou, s'il n'en existe aucun, dans l'un des journaux du département.

Art. 7. Le maire certifie ces publications et affiches ; il mentionne sur un procès-verbal qu'il ouvre à cet effet, et que les parties qui comparaissent sont requises de signer, les déclarations et réclamations qui lui ont été faites verbalement, et y annexe celles qui lui sont transmises par écrit.

Art. 8. A l'expiration du délai de huitaine prescrit par l'article 5, une Commission se réunit au chef-lieu de la sous-préfecture.

Cette Commission, présidée par le sous-préfet de l'arrondissement, sera composée de quatre membres du conseil général du département ou du conseil de l'arrondissement désignés par le préfet, du maire de la commune où les propriétés sont situées, et de l'un des ingénieurs chargés de l'exécution des travaux.

La Commission ne peut délibérer valablement qu'autant que cinq de ses membres au moins sont présents.

Dans le cas où le nombre des membres présents serait de six, et où il y aurait partage d'opinions, la voix du président sera prépondérante.

Les propriétaires qu'il s'agit d'exproprier ne peuvent être appelés à faire partie de la Commission.

Art. 9. La Commission reçoit, pendant huit jours, les observations des propriétaires.

Elle les appelle toutes les fois qu'elle le juge convenable. Elle donne son avis.

Ses opérations doivent être terminées dans le délai de dix

jours ; après quoi le procès-verbal est adressé immédiatement par le sous-préfet au préfet.

Dans le cas où lesdites opérations n'auraient pas été mises à fin dans le délai ci-dessus, le sous-préfet devra, dans les trois jours, transmettre au préfet son procès-verbal et les documents recueillis.

Art. 10. Si la Commission propose quelque changement au tracé indiqué par les ingénieurs, le sous-préfet devra, dans la forme indiquée par l'article 6, en donner immédiatement avis aux propriétaires que ces changements pourront intéresser. Pendant huitaine, à dater de cet avertissement, le procès-verbal et les pièces resteront déposés à la sous-préfecture ; les parties intéressées pourront en prendre communication sans déplacement et sans frais, et fournir leurs observations écrites.

Dans les trois jours suivants, le sous-préfet transmettra toutes les pièces à la préfecture.

Art. 11. Sur le vu du procès-verbal et des documents y annexés, le préfet détermine, par un arrêté motivé, les propriétés qui doivent être cédées, et indique l'époque à laquelle il sera nécessaire d'en prendre possession. Toutefois, dans le cas où il résulterait de l'avis de la Commission qu'il y aurait lieu de modifier le tracé des travaux ordonnés, le préfet surseoira jusqu'à ce qu'il ait été prononcé par l'administration supérieure.

L'administration supérieure pourra, suivant les circonstances, ou statuer définitivement, ou ordonner qu'il soit procédé de nouveau à tout ou partie des formalités prescrites par les articles précédents.

Art. 12. Les dispositions des articles 8, 9 et 10 ne sont point applicables au cas où l'expropriation serait demandée par une commune, et dans un intérêt purement communal, non plus qu'aux travaux d'ouverture ou de redressement des chemins vicinaux.

Dans ce cas, le procès-verbal prescrit par l'article 7 est

transmis, avec l'avis du conseil municipal, par le maire au sous-préfet, qui l'adressera au préfet avec ses observations.

Le préfet, en conseil de préfecture, sur le vu de ce procès-verbal, et sauf l'approbation de l'administration supérieure, prononcera comme il est dit en l'article précédent.

TITRE III.

DE L'EXPROPRIATION ET DE SES SUITES, QUANT AUX PRIVILÈGES, HYPOTHÈQUES ET AUTRES DROITS RÉELS.

Art. 13. Si des biens de mineurs, d'interdits, d'absents ou autres incapables, sont compris dans les plans déposés en vertu de l'article 5, ou dans les modifications admises par l'administration supérieure, aux termes de l'article 11 de la présente loi, les tuteurs, ceux qui ont été envoyés en possession provisoire, et tous représentants des incapables, peuvent, après autorisation du tribunal donnée sur simple requête, en la chambre du conseil, le ministère public entendu, consentir amiablement à l'aliénation desdits biens.

Le tribunal ordonne les mesures de conservation ou de remploi qu'il juge nécessaires.

Ces dispositions sont applicables aux immeubles dotaux et aux majorats.

Les préfets pourront, dans le même cas, aliéner les biens des départements, s'ils y sont autorisés par délibération du conseil général; les maires ou administrateurs pourront aliéner les biens des communes ou établissements publics, s'ils y sont autorisés par délibération du conseil municipal ou du conseil d'administration, approuvée par le préfet en conseil de préfecture.

Le Ministre des finances peut consentir à l'aliénation des

biens de l'État, ou de ceux qui font partie de la dotation de la couronne, sur la proposition de l'intendant de la liste civile.

A défaut de conventions amiables, soit avec les propriétaires des terrains ou bâtiments dont la cession est reconnue nécessaire, soit avec ceux qui les représentent, le préfet transmet au procureur du roi dans le ressort duquel les biens sont situés, la loi ou l'ordonnance qui autorise l'exécution des travaux et l'arrêté mentionné en l'article 11.

Art. 14. Dans les trois jours, et sur la production des pièces constatant que les formalités prescrites par l'article 2 du titre Ier, et par le titre II de la présente loi, ont été remplies, le procureur du roi requiert et le tribunal prononce l'expropriation pour cause d'utilité publique des terrains ou bâtiments indiqués dans l'arrêté du préfet.

Si, dans l'année de l'arrêté du préfet, l'administration n'a pas poursuivi l'expropriation, tout propriétaire dont les terrains sont compris audit arrêté peut présenter requête au tribunal. Cette requête sera communiquée par le procureur du roi au préfet, qui devra, dans le plus bref délai, envoyer les pièces, et le tribunal statuera dans les trois jours.

Le même jugement commet un des membres du tribunal pour remplir les fonctions attribuées par le titre IV, chapitre II, au magistrat directeur du jury chargé de fixer l'indemnité, et désigne un autre membre pour le remplacer au besoin.

En cas d'absence ou d'empêchement de ces deux magistrats, il sera pourvu à leur remplacement par une ordonnance sur requête du président du tribunal civil.

Dans le cas où les propriétaires à exproprier consentiraient à la cession, mais où il n'y aurait point accord sur le prix, le tribunal donnera acte du consentement, et désignera le magistrat directeur du jury, sans qu'il soit besoin de rendre le jugement d'expropriation, ni de s'assurer que les formalités prescrites par le titre II ont été remplies.

Art. 15. Le jugement est publié et affiché, par extrait, dans la commune de la situation des biens, de la manière indiquée en l'article 6. Il est en outre inséré dans l'un des journaux publiés dans l'arrondissement, ou, s'il n'en existe aucun, dans l'un de ceux du département.

Cet extrait, contenant les noms des propriétaires, les motifs et le dispositif du jugement, leur est notifié au domicile qu'ils auront élu dans l'arrondissement de la situation des biens, par une déclaration faite à la mairie de la commune où les biens sont situés; et, dans le cas où cette élection de domicile n'aurait pas eu lieu, la notification de l'extrait sera faite en double copie au maire et au fermier, locataire, gardien ou régisseur de la propriété.

Toutes les autres notifications prescrites par la présente loi seront faites dans la forme ci-dessus indiquée.

Art. 16. Le jugement sera, immédiatement après l'accomplissement des formalités prescrites par l'article 15 de la présente loi, transcrit au bureau de la conservation des hypothèques de l'arrondissement, conformément à l'article 2181 du Code civil.

Art. 17. Dans la quinzaine de la transcription, les privilèges, et les hypothèques conventionnelles, judiciaires ou légales, seront inscrits.

A défaut d'inscription dans ce délai, l'immeuble exproprié sera affranchi de tous privilèges et hypothèques, de quelque nature qu'ils soient, sans préjudice des droits des femmes, mineurs et interdits, sur le montant de l'indemnité, tant qu'elle n'a pas été payée ou que l'ordre n'a pas été réglé définitivement entre les créanciers.

Les créanciers inscrits n'auront, dans aucun cas, la faculté de surenchérir, mais ils pourront exiger que l'indemnité soit fixée conformément au titre IV.

Art. 18. Les actions en résolution, en revendication, et toutes autres actions réelles, ne pourront arrêter l'expropriation ni en empêcher l'effet. Le droit des réclamants sera transporté sur le prix, et l'immeuble en demeurera affranchi.

Art. 19. Les règles posées dans le premier paragraphe de l'article 15 et dans les articles 16, 17 et 18, sont applicables dans le cas de conventions amiables passées entre l'administration et les propriétaires.

Cependant l'administration peut, sauf les droits des tiers, et sans accomplir les formalités ci-dessus tracées, payer le prix des acquisitions dont la valeur ne s'élèverait pas au-dessus de 500 francs.

Le défaut d'accomplissement des formalités de la purge des hypothèques n'empêche pas l'expropriation d'avoir son cours; sauf, pour les parties intéressées, à faire valoir leurs droits ultérieurement, dans les formes déterminées par le titre IV de la présente loi.

Art. 20. Le jugement ne pourra être attaqué que par la voie du recours en cassation, et seulement pour incompétence, excès de pouvoir ou vices de forme du jugement.

Le pourvoi aura lieu, u plus tard, dans les trois jours, à dater de la notification du jugement, par déclaration au greffe du tribunal. Il sera notifié dans la huitaine, soit à la partie, au domicile indiqué par l'article 15, soit au préfet ou au maire, suivant la nature des travaux; le tout à peine de déchéance.

Dans la quinzaine de la notification du pourvoi, les pièces seront adressées à la chambre civile de la Cour de cassation, qui statuera dans le mois suivant.

L'arrêt, s'il est rendu par défaut, à l'expiration de ce délai, ne sera pas susceptible d'opposition.

TITRE IV.

DU RÈGLEMENT DES INDEMNITÉS.

CHAPITRE PREMIER. — *Mesures préparatoires.*

Art. 21. Dans la huitaine qui suit la notification prescrite par l'article 15, le propriétaire est tenu d'appeler et de faire connaître à l'administration les fermiers, locataires, ceux qui ont des droits d'usufruit, d'habitation ou d'usage, tels qu'ils sont réglés par le Code civil, et ceux qui peuvent réclamer des servitudes résultant des titres mêmes du propriétaire ou d'autres actes dans lesquels il serait intervenu; sinon il restera seul chargé envers eux des indemnités que ces derniers pourront réclamer.

Les autres intéressés seront mis en demeure de faire valoir leurs droits par l'avertissement énoncé en l'article 6, et tenus de se faire connaître à l'administration dans le même délai de huitaine; à défaut de quoi ils seront déchus de tous droits à l'indemnité.

Art. 22. Les dispositions de la présente loi relatives aux propriétaires et à leurs créanciers sont applicables à l'usufruitier et à ses créanciers.

Art. 23. L'administration notifie aux propriétaires et à tous autres intéressés qui auront été désignés ou qui seront intervenus dans le délai fixé par l'article 21, les sommes qu'elle offre pour indemnités.

Ces offres sont, en outre, affichées et publiées conformément à l'article 6 de la présente loi.

Art. 24. Dans la quinzaine suivante, les propriétaires et autres intéressés sont tenus de déclarer leur acceptation, ou, s'ils n'acceptent pas les offres qui leur sont faites, d'indiquer le montant de leurs prétentions.

Art. 25. Les femmes mariées sous le régime dotal, assistées de leurs maris; les tuteurs, ceux qui ont été envoyés en possession provisoire des biens d'un absent, et autres personnes qui représentent les incapables, peuvent valablement accepter les offres énoncées en l'article 23, s'ils y sont autorisés dans les formes prescrites par l'article 13.

Art. 26. Le Ministre des finances, les préfets, maires ou administrateurs, peuvent accepter les offres d'indemnité pour expropriation des biens appartenant à l'État, à la Couronne, aux départements, communes ou établissements publics, dans les formes et avec les autorisations prescrites par l'article 13.

Art. 27. Le délai de quinzaine, fixé par l'article 24, sera d'un mois dans les cas prévus par les articles 25 et 26.

Art. 28. Si les offres de l'administration ne sont pas acceptées dans les délais prescrits par les articles 24 et 27, l'administration citera devant le jury, qui sera convoqué à cet effet, les propriétaires et tous autres intéressés qui auront été désignés, ou qui seront intervenus, pour qu'il soit procédé au règlement des indemnités de la manière indiquée au chapitre suivant. La citation contiendra l'énonciation des offres qui auront été refusées.

CHAPITRE II. — *Du jury spécial chargé de régler les indemnités.*

Art. 29. Dans sa session annuelle, le conseil général du département désigne, pour chaque arrondissement de sous-préfecture, tant sur la liste des électeurs que sur la seconde partie de la liste du jury, trente-six personnes au moins, et soixante et douze au plus, qui ont leur domicile réel dans l'arrondissement, parmi lesquelles sont choisis, jusqu'à la session suivante ordinaire du conseil général, les membres du jury spécial appelé, le cas échéant, à régler les indemnités dues par suite d'expropriation pour cause d'utilité publique.

Le nombre des jurés désignés pour le département de la Seine sera de six cents.

Art. 30. Toutes les fois qu'il y a lieu de recourir à un jury spécial, la première chambre de la Cour royale, dans les départements qui sont le siège d'une Cour royale, et dans les autres départements, la première chambre du tribunal du chef-lieu judiciaire, choisit en la chambre du conseil, sur la liste dressée en vertu de l'article précédent pour l'arrondissement dans lequel ont lieu les expropriations, seize personnes qui formeront le jury spécial chargé de fixer définitivement le montant de l'indemnité, et, en outre, quatre jurés supplémentaires; pendant les vacances, ce choix est déféré à la chambre de la Cour ou du tribunal chargée du service des vacations. En cas d'abstention ou de récusation des membres du tribunal, le choix du jury est déféré à la Cour royale.

Ne peuvent être choisis :

1° Les propriétaires, fermiers, locataires des terrains et bâtiments désignés en l'arrêté du préfet pris en vertu de l'article 11, et qui restent à acquérir;

2° Les créanciers ayant inscription sur lesdits immeubles ;

3° Tous autres intéressés désignés ou intervenant en vertu des articles 21 et 22.

Les septuagénaires seront dispensés, s'ils le requièrent, des fonctions de juré.

Art. 31. La liste des seize jurés et des quatre jurés supplémentaires est transmise par le préfet au sous-préfet qui, après s'être concerté avec le magistrat directeur du jury, convoque les jurés et les parties, en leur indiquant, au moins huit jours à l'avance, le lieu et le jour de la réunion. La notification aux parties leur fait connaître les noms des jurés.

Art. 32. Tout juré qui, sans motifs légitimes, manque à l'une des séances ou refuse de prendre part à la délibération, encourt une amende de 100 francs au moins et de 300 francs au plus.

L'amende est prononcée par le magistrat directeur du jury.

Il statue en dernier ressort sur l'opposition qui serait formée par le juré condamné.

Il prononce également sur les causes d'empêchement que les jurés proposent, ainsi que sur les exclusions ou incompatibilités dont les causes ne seraient survenues ou n'auraient été connues que postérieurement à la désignation faite en vertu de l'article 30.

Art. 33. Ceux des jurés qui se trouvent rayés de la liste par suite des empêchements, exclusions ou incompatibilités prévus à l'article précédent, sont immédiatement remplacés par les jurés supplémentaires, que le magistrat directeur du jury appelle dans l'ordre de leur inscription.

En cas d'insuffisance, le magistrat directeur du jury choisit, sur la liste dressée en vertu de l'article 29, les personnes nécessaires pour compléter le nombre des seize jurés.

Art. 34. Le magistrat directeur du jury est assisté, auprès du jury spécial, du greffier ou commis-greffier du tribunal, qui appelle successivement les causes sur lesquelles le jury doit statuer, et tient procès-verbal des opérations.

Lors de l'appel, l'administration a le droit d'exercer deux récusations péremptoires; la partie adverse a le même droit.

Dans le cas où plusieurs intéressés figurent dans la même affaire, ils s'entendent pour l'exercice du droit de récusation, sinon le sort désigne ceux qui doivent en user.

Si le droit de récusation n'est point exercé, ou s'il ne l'est que partiellement, le magistrat directeur du jury procède à la réduction des jurés au nombre de douze, en retranchant les derniers noms inscrits sur la liste.

Art. 35. Le jury spécial n'est constitué que lorsque les douze jurés sont présents.

Les jurés ne peuvent délibérer valablement qu'au nombre de neuf au moins.

Art. 36. Lorsque le jury est constitué, chaque juré prête serment de remplir ses fonctions avec impartialité.

Art. 37. Le magistrat directeur met sous les yeux du jury,

1° Le tableau des offres et demandes notifiées en exécution des articles 23 et 24 ;

2° Les plans parcellaires et les titres ou autres documents produits par les parties à l'appui de leurs offres et demandes.

Les parties ou leurs fondés de pouvoir peuvent présenter sommairement leurs observations.

Le jury pourra entendre toutes les personnes qu'il croira pouvoir l'éclairer.

Il pourra également se transporter sur les lieux, ou déléguer à cet effet un ou plusieurs de ses membres.

La discussion est publique ; elle peut être continuée à une autre séance.

Art. 38. La clôture de l'instruction est prononcée par le magistrat directeur du jury.

Les jurés se retirent immédiatement dans leur chambre pour délibérer, sans désemparer, sous la présidence de l'un d'eux, qu'ils désignent à l'instant même.

La décision du jury fixe le montant de l'indemnité ; elle est prise à la majorité des voix.

En cas de partage, la voix du président du jury est prépondérante.

Art. 39. Le jury prononce des indemnités distinctes en faveur des parties qui les réclament à des titres différents, comme propriétaires, fermiers, locataires, usagers et autres interessés dont il est parlé à l'article 21.

Dans le cas d'usufruit, une seule indemnité est fixée par le jury, eu égard à la valeur totale de l'immeuble; le nu propriétaire et l'usufruitier exercent leurs droits sur le montant de l'indemnité au lieu de l'exercer sur la chose.

L'usufruitier sera tenu de donner caution; les père et mère ayant l'usufruit légal des biens de leurs enfants en seront seuls dispensés.

Lorsqu'il y a litige sur le fond du droit ou sur la qualité des réclamants, et toutes les fois qu'il s'élève des difficultés étrangères à la fixation du montant de l'indemnité, le jury règle l'indemnité indépendamment de ces litiges et difficultés, sur lesquels les parties sont renvoyées à se pourvoir devant qui de droit.

L'indemnité allouée par le jury ne peut, en aucun cas, être inférieure aux offres de l'administration, ni supérieure à la demande de la partie intéressée.

Art. 40. Si l'indemnité réglée par le jury ne dépasse pas l'offre de l'administration, les parties qui l'auront refusée seront condamnées aux dépens.

Si l'indemnité est égale à la demande des parties, l'administration sera condamnée aux dépens.

Si l'indemnité est à la fois supérieure à l'offre de l'administration, et inférieure à la demande des parties, les dépens seront compensés de manière à être supportés par les parties et l'administration, dans les proportions de leur offre ou de leur demande avec la décision du jury.

Tout indemnitaire qui ne se trouvera pas dans les cas des articles 25 et 26 sera condamné aux dépens, quelle que soit l'estimation ultérieure du jury, s'il a omis de se conformer aux dispositions de l'article 24.

Art. 41. La décision du jury, signée des membres qui y ont

concouru, est remise par le président au magistrat directeur, qui la déclare exécutoire, statue sur les dépens, et envoie l'administration en possession de la propriété, à la charge par elle de se conformer aux dispositions des articles 53, 54 et suivants.

Le magistrat taxe les dépens, dont le tarif est déterminé par un règlement d'administration publique.

La taxe ne comprendra que les actes faits postérieurement à l'offre de l'administration; les frais des actes antérieurs demeurent, dans tous les cas, à la charge de l'administration.

Art. 42. La décision du jury et l'ordonnance du magistrat directeur ne peuvent être attaquées que par la voie du recours en cassation,et seulement pour violation du premier paragraphe de l'article 30, de l'article 31, des deuxième et quatrième paragraphes de l'article 34, et des articles 35, 36, 37, 38, 39 et 40.

Le délai sera de quinze jours pour ce recours, qui sera d'ailleurs formé, notifié et jugé comme il est dit en l'article 20 ; il courra à partir du jour de la décision.

Art. 43. Lorsqu'une décision du jury aura été cassée, l'affaire sera renvoyée devant un nouveau jury, choisi dans le même arrondissement.

Néanmoins la Cour de cassation pourra, suivant les circonstances, renvoyer l'appréciation de l'indemnité à un jury choisi dans un des arrondissements voisins, quand même il appartiendrait à un autre département.

Il sera procédé, à cet effet, conformément à l'article 30.

Art. 44. Le jury ne connaît que des affaires dont il a été saisi au moment de sa convocation, et statue successivement et sans interruption sur chacune de ces affaires. Il ne peut se séparer qu'après avoir réglé toutes les indemnités dont la fixation lui a été ainsi déférée.

Art. 45. Les opérations commencées par un jury, et qui ne sont pas encore terminées au moment du renouvellement annuel de la liste générale mentionnée en l'article 29, sont continuées, jusqu'à conclusion définitive, par le même jury.

Art. 46. Après la clôture des opérations du jury, les minutes de ses décisions et les autres pièces qui se rattachent auxdites opérations sont déposées au greffe du tribunal civil de l'arrondissement.

Art. 47. Les noms des jurés qui auront fait le service d'une session ne pourrónt être portés sur le tableau dressé par le conseil général pour l'année suivantee.

CHAPITRE III. — *Des règles à suivre pour la fixation des indemnités.*

Art. 48. Le jury est juge de la sincérité des titres et de l'effet des actes qui seraient de nature à modifier l'évaluation de l'indemnité.

Art. 49. Dans le cas où l'administration contesterait au détenteur exproprié le droit à une indemnité, le jury, sans s'arrêter à la contestation, dont il renvoie le jugement devant qui de droit, fixe l'indemnité comme si elle était due, et le magistrat directeur du jury en ordonne la consignation, pour ladite indemnité rester déposée, jusqu'à ce que les parties se soient entendues ou que le litige soit vidé.

Art. 50. Les bâtiments dont il est nécessaire d'acquérir une portion pour cause d'utilité publique seront achetés en entier, si les propriétaires le requièrent par une déclaration formelle adressée au magistrat directeur du jury, dans les délais énoncés aux articles 24 et 27.

Il en sera de même de toute parcelle de terrain qui, par suite du morcellement, se trouvera réduite au quart de la contenance totale, si toutefois le propriétaire ne possède aucun terrain immédiatement contigu, et si la parcelle ainsi réduite est inférieure à dix ares.

Art. 51. Si l'exécution des travaux doit procurer une augmentation de valeur immédiate et spéciale au restant de la propriété, cette augmentation sera prise en considération dans l'évaluation du montant de l'indemnité.

Art. 52. Les constructions, plantations et améliorations ne donneront lieu à aucune indemnité lorsque, à raison de l'époque où elles auront été faites ou de toutes autres circonstances dont l'appréciation lui est abandonnée, le jury acquiert la conviction qu'elles ont été faites dans la vue d'obtenir une indemnité plus élevée.

TITRE V.

DU PAYEMENT DES INDEMNITÉS.

Art. 53. Les indemnités réglées par le jury seront, préalablement à la prise de possession, acquittées entre les mains des ayants droit.

S'ils se refusent à les recevoir, la prise de possession aura lieu après offres réelles et consignation.

S'il s'agit de travaux exécutés par l'État ou les départements, les offres réelles pourront s'effectuer au moyen d'un mandat égal au montant de l'indemnité réglée par le jury : ce mandat, délivré par l'ordonnateur compétent, visé par le payeur, sera payable sur la caisse publique qui s'y trouvera désignée.

Si les ayants droit refusent de recevoir le mandat, la prise de possession aura lieu après consignation en espèces.

Art. 54. Il ne sera pas fait d'offres réelles toutes les fois qu'il existera des inscriptions sur l'immeuble exproprié ou d'autres obstacles au versement des deniers entre les mains des ayants droit; dans ce cas, il suffira que les sommes dues par l'administration soient consignées, pour être ultérieurement distribuées ou remises, selon les règles du droit commun.

Art. 55. Si, dans les six mois du jugement d'expropriation, l'administration ne poursuit pas la fixation de l'indemnité, les parties pourront exiger qu'il soit procédé à ladite fixation.

Quand l'indemnité aura été réglée, si elle n'est ni acquittée ni consignée dans les six mois de la décision du jury, les intérêts courront de plein droit à l'expiration de ce délai.

TITRE VI.

DISPOSITIONS DIVERSES.

Art. 56. Les contrats de vente, quittances et autres actes relatifs à l'acquisition des terrains, peuvent être passés dans la forme des actes administratifs ; la minute restera déposée au secrétariat de la préfecture ; expédition en sera transmise à l'administration des domaines.

Art. 57. Les significations et notifications mentionnées en la présente loi sont faites à la diligence du préfet du département de la situation des biens.

Elles peuvent être faites tant par huissier que par tout agent de l'administration dont les procès-verbaux font foi en justice.

Art. 58. Les plans, procès-verbaux, certificats, significations, jugements, contrats, quittances et autres actes faits en vertu de la présente loi, seront visés pour timbre et enregistrés gratis, lorsqu'il y aura lieu à la formalité de l'enregistrement.

Il ne sera perçu aucuns droits pour la transcription des actes au bureau des hypothèques.

Les droits perçus sur les acquisitions amiables faites antérieurement aux arrêtés de préfet seront restitués, lorsque, dans le délai de deux ans à partir de la perception, il sera justifié que les immeubles acquis sont compris dans ces arrêtés. La restitution des droits ne pourra s'appliquer qu'à la portion des immeubles qui aura été reconnue nécessaire à l'exécution des travaux.

Art. 59. Lorsqu'un propriétaire aura accepté les offres de l'administration, le montant de l'indemnité devra, s'il l'exige et s'il n'y a pas eu contestation de la part des tiers dans les délais prescrits par les articles 24 et 27, être versé à la Caisse des dépôts et consignations, pour être remis ou distribué à qui de droit, selon les règles du droit commun.

Art. 60. Si les terrains acquis pour des travaux d'utilité publique ne reçoivent pas cette destination, les anciens propriétaires ou leurs ayants droit peuvent en demander la remise.

Le prix des terrains rétrocédés est fixé à l'amiable, et, s'il n'y a pas accord, par le jury, dans les formes ci-dessus prescrites. La fixation par le jury ne peut, en aucun cas, excéder la somme moyennant laquelle les terrains ont été acquis.

Art. 61. Un avis, publié de la manière indiquée en l'article 6, fait connaître les terrains que l'administration est dans le cas de revendre. Dans les trois mois de cette publication, les anciens propriétaires qui veulent réacquérir la propriété desdits terrains sont tenus de le déclarer ; et, dans le mois de la fixation du prix, soit amiable, soit judiciaire, ils doivent passer le contrat de rachat et payer le prix : le tout à peine de déchéance du privilège que leur accorde l'article précédent.

Art. 62. Les dispositions des articles 60 et 61 ne sont pas

applicables aux terrains qui auront été acquis sur la réquisition du propriétaire, en vertu de l'article 50, et qui resteraient disponibles après l'exécution des travaux.

Art. 63. Les concessionnaires des travaux publics exerceront tous les droits conférés à l'administration, et seront soumis à toutes les obligations qui lui sont imposées par la présente loi.

Art. 64. Les contributions de la portion d'immeuble qu'un propriétaire aura cédée, et dont il aura été exproprié pour cause d'utilité publique, continueront à lui être comptées pendant un an, à partir de la remise de la propriété, pour former son cens électoral.

TITRE VII.

DISPOSITIONS EXCEPTIONNELLES.

CHAPITRE PREMIER.

Art. 65. Lorsqu'il y aura urgence de prendre possession des terrains non bâtis qui seront soumis à l'expropriation, l'urgence sera spécialement déclarée par une ordonnance royale.

Art. 66. En ce cas, après le jugement d'expropriation, l'ordonnance qui déclare l'urgence et le jugement seront notifiés, conformément à l'article 15, aux propriétaires et aux détenteurs, avec assignation devant le tribunal civil. L'assignation sera donnée à trois jours au moins ; elle énoncera la somme offerte par l'administration.

Art. 67. Au jour fixé, le propriétaire et les détenteurs seront tenus de déclarer la somme dont ils demandent la consignation avant l'envoi en possession.

Faute par eux de comparaître, il sera procédé en leur absence.

Art. 68. Le tribunal fixe le montant de la somme à consigner.

Le tribunal peut se transporter sur les lieux, ou commettre un juge pour visiter les terrains, recueillir tous les renseignements propres à en déterminer la valeur, et en dresser, s'il y a lieu, un procès-verbal descriptif. Cette opération devra être terminée dans les cinq jours, à dater du jugement qui l'aura ordonnée.

Dans les trois jours de la remise de ce procès-verbal au greffe, le tribunal déterminera la somme à consigner.

Art. 69. La consignation doit comprendre, outre le principal, la somme nécessaire pour assurer, pendant deux ans, le payement des intérêts à cinq pour cent.

Art. 70. Sur le vu du procès-verbal de consignation, et sur une nouvelle assignation à deux jours de délai au moins, le président ordonne la prise de possession.

Art. 71. Le jugement du tribunal et l'ordonnance du président sont exécutoires sur minute et ne peuvent être attaqués par opposition ni par appel.

Art. 72. Le président taxera les dépens, qui seront supportés par l'administration.

Art. 73. Après la prise de possession, il sera, à la poursuite de la partie la plus diligente, procédé à la fixation définitive de l'indemnité, en exécution du titre IV de la présente loi.

Art. 74. Si cette fixation est supérieure à la somme qui a été déterminée par le tribunal, le supplément doit être consigné dans la quinzaine de la notification de la décision du jury, et, à défaut, le propriétaire peut s'opposer à la continuation des travaux.

CHAPITRE II.

Art. 75. Les formalités prescrites par les titres I et II de la présente loi ne sont applicables ni aux travaux militaires ni aux travaux de la marine royale.

Pour ces travaux, une ordonnance royale détermine les terrains qui sont soumis à l'expropriation.

Art. 76. L'expropriation ou l'occupation temporaire, en cas d'urgence, des propriétés privées qui seront jugées nécessaires pour des travaux de fortification, continueront d'avoir lieu conformément aux dispositions prescrites par la loi du 30 mars 1831.

Toutefois, lorsque les propriétaires ou autres intéressés n'auront pas accepté les offres de l'administration, le règlement définitif des indemnités aura lieu conformément aux dispositions du titre IV ci-dessus.

Seront également applicables aux expropriations poursuivies en vertu de la loi du 30 mars 1831, les articles 16, 17, 18, 19 et 20, ainsi que le titre VI de la présente loi.

TITRE VIII.

DISPOSITIONS FINALES.

Art. 77. Les lois des 8 mars 1810 et 7 juillet 1833 sont abrogées.

LOI sur les associations syndicales.

Du 21 juin 1865.

TITRE PREMIER.

DES ASSOCIATIONS SYNDICALES.

Art. Ier. Peuvent être l'objet d'une association syndicale, entre propriétaires intéressés, l'exécution et l'entretien de travaux :

1° De défense contre la mer, les fleuves, les torrents et les rivières navigables ou non navigables;

2° De curage, approfondissement, redressement et régularisation des canaux et cours d'eau non navigables ni flottables et des canaux de dessèchement et d'irrigation;

3° De dessèchement des marais ;

4° Des étiers et ouvrages nécessaires à l'exploitation des marais salants ;

5° D'assainissement des terres humides et insalubres ;

6° D'irrigation et de colmatage;

7° De drainage;

8° De chemins d'exploitation et de toute autre amélioration agricole ayant un caractère d'intérêt collectif.

Art. 2. — Les associations syndicales sont libres ou autorisées.

Art. 3. Elles peuvent ester en justice par leurs syndics, acquérir, vendre, échanger, transiger, emprunter et hypothéquer.

Art. 4. L'adhésion à une association syndicale est valablement donnée par les tuteurs, par les envoyés en possession provisoire et par tout représentant légal pour les biens des mineurs, des interdits, des absents et autres incapables, après autorisation du tribunal de la situation des biens, donnée sur simple requête en la chambre du conseil, le ministère public entendu. Cette disposition est applicable aux immeubles dotaux et aux majorats.

TITRE II.

DES ASSOCIATIONS SYNDICALES LIBRES.

Art. 5. Les associations syndicales libres se forment sans l'intervention de l'administration.

Le consentement unanime des associés doit être constaté par écrit.

L'acte d'association spécifie le but de l'entreprise ; il règle le mode d'administration de la société et fixe les limites du mandat confié aux administrateurs ou syndics ; il détermine les voies et moyens nécessaires pour subvenir à la dépense, ainsi que le mode de recouvrement des cotisations.

Art. 6. Un extrait de l'acte d'association devra, dans le délai d'un mois à partir de sa date, être publié dans un journal d'annonces légales de l'arrondissement ou, s'il n'en existe aucun, dans l'un des journaux du département. Il sera, en outre, transmis au préfet et inséré dans le recueil des actes de la préfecture.

Art. 7. A défaut de publication dans un journal d'annonces légales, l'association ne jouira pas du bénéfice de l'article 3. L'omission de cette formalité ne peut être opposée aux tiers par les associés.

Art. 8. Les associations syndicales libres peuvent être converties en associations autorisées par arrêté préfectoral, en vertu d'une délibération prise par l'assemblée générale, conformément à l'article 12 ci-après, sauf les dispositions contraires qui pourraient résulter de l'acte d'association.

Elles jouissent, dès lors, des avantages accordés à ces associations par les articles 15, 16, 17, 18, et 19.

TITRE III.

DES ASSOCIATIONS SYNDICALES AUTORISÉES.

Art. 9. Les propriétaires intéressés à l'exécution des travaux spécifiés dans les numéros 1, 2, 3, 4, 5, de l'article 1er peuvent être réunis, par arrêté préfectoral, en association syndicale autorisée, soit sur la demande d'un ou de plusieurs d'entre eux, soit sur l'initiative du préfet.

Art. 10. Le préfet soumet à une enquête administrative, dont les formes seront déterminées par un règlement d'administration publique, les plans, avant-projets et devis des travaux, ainsi que le projet d'association.

Le plan indique le périmètre des terrains intéressés et est accompagné de l'état des propriétaires de chaque parcelle.

Le projet d'association justifie le but de l'entreprise et détermine les voies et moyens nécessaires pour subvenir à la dépense.

Art. 11. Après l'enquête, les propriétaires qui sont présumés devoir profiter des travaux sont convoqués en assemblée générale par le préfet, qui en nomme le président, sans être tenu de le choisir parmi les membres de l'assemblée.

Un procès-verbal constate la présence des intéressés et le résultat de la délibération. Il est signé par les membres présents et mentionne l'adhésion de ceux qui ne savent pas signer.

L'acte contenant le consentement par écrit de ceux qui l'ont envoyé en cette forme est mentionné dans ce procès-verbal et y reste annexé.

Le procès-verbal est transmis au préfet.

Art. 12. Si la majorité des intéressés, représentant au moins les deux tiers de la superficie des terrains, ou les deux tiers des intéressés, représentant plus de la moitié de la superficie, ont donné leur adhésion, le préfet autorise, s'il y a lieu, l'association.

Un extrait de l'acte d'association et l'arrêté du préfet, en cas d'autorisation, et, en cas de refus, l'arrêté du préfet, sont affichés dans les communes de la situation des lieux et insérés dans le recueil des actes de la préfecture.

Art. 13. Les propriétaires intéressés et les tiers peuvent déférer cet arrêté au Ministre des travaux publics dans le délai d'un mois, à partir de l'affiche.

Le recours est déposé à la préfecture et transmis, avec le dossier, au Ministre, dans le délai de quinze jours.

Il est statué par un décret rendu en Conseil d'État.

Art. 14. S'il s'agit des travaux spécifiés aux numéros 3, 4 et 5 de l'article 1er, les propriétaires qui n'auront pas adhéré au projet d'association pourront, dans le délai d'un mois ci-dessus déterminé, déclarer à la préfecture qu'ils entendent délaisser, moyennant indemnité, les terrains leur appartenant, et compris dans le périmètre. Il leur sera donné récépissé de la déclaration. L'indemnité à la charge de l'association sera fixée conformément à l'article 16 de la loi du 21 mai 1836.

Art. 15. Les taxes ou cotisations sont recouvrées sur des rôles dressés par le syndicat chargé de l'administration de l'association, approuvés, s'il y a lieu, et rendus exécutoires par le préfet.

Le recouvrement est fait comme en matière de contributions directes.

Art. 16. Les contestations relatives à la fixation du périmètre des terrains compris dans l'association, à la division des terrains en différentes classes, au classement des propriétés en raison de leur intérêt aux travaux, à la répartition et à la perception des taxes, à l'exécution des travaux, sont jugées par le conseil de préfecture sauf recours au Conseil d'État.

Il est procédé à l'apurement des comptes de l'association selon les règles établies pour les comptes des receveurs municipaux.

Art. 17. Nul propriétaire compris dans l'association ne pourra, après le délai de quatre mois à partir de la notification du premier rôle des taxes, contester sa qualité d'associé ou la validité de l'association.

Art 18. Dans le cas où l'exécution des travaux entrepris par une association syndicale autorisée exige l'expropriation de terrains, il y est procédé conformément aux dispositions de l'article 16 de la loi du 21 mai 1836, après déclaration d'utilité publique, par décret rendu en Conseil d'État,

Art. 19. Lorsqu'il y a lieu à l'établisement de servitudes, conformément aux lois, au profit d'associations syndicales, les contestations sont jugées suivant les dispositions de l'article 5 de la loi du 10 juin 1854.

TITRE IV.

DE LA REPRÉSENTATION DE LA PROPRIÉTÉ DANS LES ASSEMBLÉES GÉNÉRALES.

Des Syndics.

Art. 20. L'acte constitutif de chaque association fixe le minimum d'intérêt qui donne droit à chaque propriétaire de faire partie de l'assemblée générale.

Les propriétaires de parcelles inférieures au minimum fixé peuvent se réunir pour se faire représenter à l'assemblée générale par un ou plusieurs d'entre eux, en nombre égal au nombre de fois que le minimum d'intérêt se trouve compris dans leurs parcelles réunies.

L'acte d'association détermine le maximum de voix attribué à un même propriétaire, ainsi que le nombre de voix attaché à chaque usine d'après son importance, et le maximum de voix attribué aux usiniers réunis.

Art. 21. Le nombre des syndics, leur répartition, s'il y a lieu, entre diverses catégories d'intéressés et la durée de leurs fonctions seront déterminés par l'acte constitutif de l'association.

Art. 22. Les syndics sont élus par l'assemblée générale parmi les intéressés.

Lorsque les syndics doivent être pris dans diverses catégories, la liste d'éligibilité est divisée en sections correspondantes à ces diverses catégories.

Les syndics seront nommés par le préfet dans le cas où l'assemblée générale, après deux convocations, ne se serait pas réunie ou n'aurait pas procédé à l'élection des syndics.

Art. 23. Dans le cas où, sur la demande du syndicat, il est accordé une subvention par l'État, par le département ou par une commune, cette subvention donne droit à la nomination, par le préfet, d'un nombre de syndics proportionné à la part que la subvention représente dans l'ensemble de l'entreprise.

Art. 24. Les syndics élisent l'un d'eux pour remplir les fonctions de directeur, et, s'il y a lieu, un adjoint qui remplace le directeur, en cas d'absence ou d'empêchement,

Le directeur et l'adjoint sont toujours rééligibles.

TITRE V.

DISPOSITIONS GÉNÉRALES.

Art. 25. A défaut, par une association, d'entreprendre les travaux en vue desquels elle aura été autorisée, le préfet rapportera, s'il y a lieu et après mise en demeure, l'arrêté d'autorisation.

Il sera statué par un décret rendu en Conseil d'État, si l'autorisation a été accordée en cette forme.

Dans le cas où l'interruption ou le défaut d'entretien des travaux entrepris par une association pourrait avoir des conséquences nuisibles à l'intérêt public, le préfet, après mise en demeure, pourra faire procéder d'office à l'exécution des travaux nécessaires pour obvier à ces conséquences.

Art. 26. La loi du 16 septembre 1807 et celle du 14 floréal an XI continueront à recevoir leur exécution, à défaut de formation d'associations libres ou autorisées, lorsqu'il s'agira de travaux spécifiés aux numéros 1, 2 et 3 de l'article 1er de la présente loi.

Toutefois il sera statué, à l'avenir, par le conseil de préfecture, sur les contestations qui, d'après la loi du 16 septembre 1807, devaient être jugées par une Commission spéciale.

En ce qui concerne la perception des taxes, l'expropriation et l'établissement de servitudes, il sera procédé conformément aux articles 15, 16, 18 et 19 de la présente loi.

DÉCRET portant règlement d'administration publique pour l'exécution de l'article 10 de la loi du 21 juin 1865, sur les associations syndicales.

Du 17 novembre 1865.

Napoléon, etc., etc.

Vu l'article 10 de la loi du 21 juin 1865, sur les associations syndicales, ainsi conçu :

« Le préfet soumet à une enquête administrative, dont les formes seront déterminées par un règlement d'administration publique, les plans, avant-projets et devis des travaux, ainsi que le projet d'association.

« Le plan indique le périmètre des terrains intéressés et est accompagné de l'état des propriétaires de chaque parcelle. Le projet d'association spécifie le but de l'entreprise et détermine les voies et moyens nécessaires pour subvenir à la dépense. »

Notre Conseil d'État entendu,

Avons décrété et décrétons ce qui suit :

Art. 1er. Lorsqu'il y a lieu d'ouvrir une enquête sur une entreprise d'amélioration agricole et sur un projet d'association, par application de l'article 10 de la loi du 21 juin 1865, sur les associations syndicales, le préfet prend un arrêté pour prescrire cette enquête.

Art. 2. Le projet d'association détermine :

1° Le minimum d'étendue de terrain ou d'intérêt qui donne droit à chaque propriétaire de faire partie de l'assemblée générale des intéressés ;

2° Le maximum de voix à attribuer à un même propriétaire ou à chaque usinier et le maximum de voix attribué aux usiniers réunis ;

3° Les bases de la répartition des dépenses de l'entreprise ;

4° Le nombre des syndics à nommer, leur répartition, s'il y a lieu, entre diverses catégories d'intéressés et la durée de leurs fonctions.

Art. 3. Le projet d'association, les plans et devis des travaux, étudiés d'office par les ordres du préfet ou sur l'initiative des intéressés, sont déposés à la mairie de la commune sur le territoire de laquelle les travaux doivent être exécutés. Si les travaux s'étendent sur plusieurs communes, le préfet désigne celle de ces communes où les pièces doivent être déposées.

Art. 4. Aussitôt après la réception de l'arrêté préfectoral qui ordonne l'ouverture de l'enquête, avis du dépôt des pièces est donné à son de trompe ou de caisse, et une affiche contenant les énonciations prescrites par la loi est apposée à la porte de la mairie et dans un lieu apparent, près ou sur les portes de l'église.

Art. 5. Indépendamment de ces publications, notification du dépôt des pièces est faite par voie administrative à chacun des propriétaires dont les terrains sont compris dans le périmètre intéressé aux travaux ; il est gardé original de cette notification; en cas d'absence, la notification prescrite est faite aux représentants des propriétaires ou à leurs fermiers et métayers, et, à défaut de représentants ou fermiers, elle est laissée à la mairie.

L'acte de notification invite les propriétaires à déclarer, dans les délais et dans les formes ci-après déterminés, s'ils consentent à concourir à l'entreprise.

Ces notifications doivent être faites au plus tard dans les cinq jours qui suivent l'ouverture des enquêtes.

Art. 6. Pendant vingt jours, à partir de l'ouverture de l'enquête, il est déposé dans chacune des mairies intéressées un registre destiné à recevoir les observations, soit des propriétaires compris dans le périmètre, soit de tous autres intéressés.

Art. 7. Le préfet désigne dans l'arrêté qui ordonne l'enquête un commissaire choisi parmi les notables propriétaires, agriculteurs ou industriels, parmi les membres du conseil général ou parmi les juges de paix des cantons traversés par les travaux. Ledit commissaire ne doit avoir aucun intérêt personnel à l'opération projetée.

Art. 8. A l'expiration de l'enquête dont les formalités sont certifiées par les maires de chaque commune, le commissaire recevra pendant trois jours consécutifs, à la mairie de la commune désignée par le préfet et aux heures indiquées par lui, les déclarations des intéressés sur l'utilité des travaux projetés.

Après avoir clos et signé le registre de ces déclarations, le commissaire les transmettra immédiatement au préfet avec son avis motivé et avec les autres pièces de l'instruction qui auront servi de base à l'enquête.

Art. 9. Notre Ministre secrétaire d'État au département de l'agriculture, du commerce et des travaux publics est chargé de l'exécution du présent décret.

TABLE DES MATIÈRES

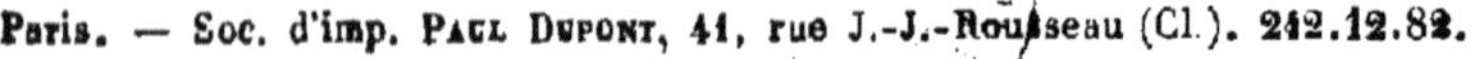

Paris. — Soc. d'imp. PAUL DUPONT, 41, rue J.-J.-Rousseau (Cl.). 242.12.82.

LOIS USUELLES ET CODES ANNOTÉS

ENSEIGNEMENT PRIMAIRE ET MATERNEL. — **Lois et programmes.** — Un beau volume in-8°, contenant les lois, les arrêtés, les règlements, circulaires et programmes en vigueur depuis 1850 jusqu'au 1er octobre 1882. — Livre indispensable à tous les instituteurs et institutrices. — Prix : **2** fr. **50**

LE CONCORDAT. — Les Congrégations religieuses. — Un volume in-8. — Prix : **2** fr.

Cet ouvrage contient: La Déclaration du Clergé de 1682; l'Exposé des motifs de Portalis (An X); le Rapport au conseil d'Etat par Portalis; le Concordat, les Articles organiques. Les Discours de Lucien Bonaparte et de Jaucourt (an X); le Concordat de 1813, le projet de Concordat de 1817. — Arrêts, lois et décrets sur les Congrégations.

Lois constitutionnelles et électorales, contenant la loi du 24 février 1875, relative à l'organisation du Sénat; — la loi du 25 février 1875 sur l'organisation des pouvoirs publics; — la loi du 16 juillet 1875 sur les rapports des pouvoirs publics; — la loi du 12 août 1875 sur l'élection des sénateurs; — la loi électorale du 30 novembre 1875; — articles des lois antérieures maintenus en vigueur. Brochure in-8° br. rognée. — Prix : **75** c.

Liberté de réunion. — Loi du 30 juin 1881. — Commentaire du texte de la loi, analyse des exposés de motifs; rapports et discussions à la Chambre des députés et au Sénat, par M. Ameline de la Briselainne, avocat. — Un volume in-18 jésus. — Prix : **1** fr.

Liberté de la Presse. — Loi du 29 juillet 1881. — Commentaire du texte de la loi, analyse des Exposés de motifs, Rapports et Discussions à la Chambre des députés et au Sénat, par M. Ameline de la Briselainne, avocat; — avec la circulaire du Ministère de la justice du 9 novembre 1881 sur l'application de la nouvelle loi. — Prix : **2** fr.

Élections. — Code électoral, par M. Bidault, vice-président du Conseil de préfecture de la Seine. — 10e édition. **3** fr. **50**

Loi sur la chasse. — Code du chasseur, par M. Lescuyer, vice-président du Conseil de préfecture de l'Aube. — Un vol. in 8°. — Prix : **1** fr.

Lois des 27 juillet 1872 et 24 juillet 1873, sur le Recrutement et l'Organisation de l'armée, suivies des décrets, instructions et circulaires. — Une brochure in-8°. — Prix : **80** c.

Paris. — Imprimerie PAUL DUPONT, 41, rue J.-J.-Rousseau (303.12.82.)

www.ingramcontent.com/pod-product-compliance
Ingram Content Group UK Ltd.
Pitfield, Milton Keynes, MK11 3LW, UK
UKHW021054230726
13926UKWH00004B/1848

9 782016 187500